Hans Ziegler | Johannes Birnbaum

Kleine
Landauer
Reihe

▼PK

Joh. Birnbaum

Hans Ziegler

JOHANNES BIRNBAUM (1763 – 1832)

Ein Jakobiner aus Queichheim

▼PK

Verlag Pfälzer Kunst Dr. Hans Blinn, 6740 Landau i. d. Pfalz

Mit Unterstützung des
„CORDON BLEU DU SAINT ESPRIT"
Landau i. d. Pfalz
Maximilianstraße 11
herausgegeben.

Titelbild: Johannes von Birnbaum
Das Foto eines verschollenen Ölgemäldes zeigt Birnbaum in der Uniform eines französischen Beamten.
Der Maler des Bildes ist unbekannt. –
(Vom Archiv Viktor Carl zur Verfügung gestellt.)

Hans Ziegler

JOHANNES BIRNBAUM
(1763 – 1832)
Ein Jakobiner aus Queichheim

Obwohl die Birnbaum-Straße in Queichheim bei Landau zum Birnbach hinführt, hat dieser Straßenname mit dem in gewöhnlichen Zeiten harmlosen Rinnsal, das die Queichheimer Flur von Westen nach Osten durchläuft, dem Birnbach, nur den ersten Namensteil gemein. Vielleicht wissen nur noch alteingesessene Queichheimer, wer der Namensgeber für diese Straße war: Johannes Birnbaum, geboren in Queichheim und gestorben als ranghöchster Jurist des Rheinkreises (Pfalz), als Präsident des Appellationsgerichts (Oberlandesgericht) Zweibrücken. Die „Allgemeine Deutsche Biographie" gibt Auskunft über unseren Birnbaum[1], über das Leben jenes Mannes, der – so der kommentierende Text „den sozialen Umschwung der (Französischen) Revolution benutzte, um sich empor zu arbeiten". Das „um – zu" in dieser Kurzbiographie hinterläßt einen etwas bitteren Nachgeschmack; denn es verleitet zur Annahme, daß Birnbaum ein Emporkömmling oder ein Glücksritter der Revolution gewesen ist. Die 33 Zeilen umfassende Personenbeschreibung informiert uns jedenfalls stichwortartig über Herkunft und beruflichen Werdegang des Johannes Birnbaum, gibt jedoch keine Auskunft über die Zeitverhältnisse, die Birnbaum zum jungen Mann heranwachsen sahen. Die Kurzbiographie läßt auch nichts von dem Geist jener Zeit erkennen, der „Kolosse und Extremitäten ausbrütete", nichts vom Bastille-Sturm, dem Auftakt zur großen Abrechnung mit der Vergangenheit, und schließlich nichts von den Jakobinern und dem Zeitalter der Gleichheit, das den Rahmen des Üblichen sprengte und das Außergewöhnliche zur Norm machte.

Am 6. Januar 1763, vormittags zwischen 9 und 10 Uhr, erblickte Johannes Birnbaum in Queichheim, das damals etwa 240 Einwohner zählte, das Licht der Welt. Sein Geburtshaus, ein Holzbau wie fast alle Häuser damals in dem Landauer Vorort, stand in der heutigen Hauptstraße, gegenüber der ehemaligen Gaststätte zur „Krone" (bis 1922); zu Birnbaums Zeiten und auch noch im 19. Jahrhundert Wirtschaft „Zum General Mélac", benannt nach dem „schrecklichen Pfalzverwüster" (August Becker) und Gouverneur der Festung Landau zur Zeit der Belagerungen der Stadt im Spanischen Erbfolgekrieg[2]. Schon seit dem Ende des Spanischen Erbfolgekrieges (1714) gehörte die Vauban-Festung Landau mit den drei Dörfern Nußdorf, Dammheim und Queichheim zu Frankreich; Birnbaum war daher Franzose, Untertan des Königs, als er zur Welt kam.

Die Lebensverhältnisse in Queichheim waren um die Mitte des 18. Jahrhunderts, ebenso wie in zahlreichen Dörfern der näheren und weiteren Umgebung, ärmlich und bescheiden. Der Feldbach, das ist der schon eingangs erwähnte Birnbach, führte viel öfter, als dies heute noch der Fall ist, nach anhaltenden Regenperioden Hochwasser, dem die Dorfbewohner fast hilflos gegenüberstanden. Lehmgelbe Fluten wälzten sich durch die ungepflasterte Ortsstraße und verwandelten sie in einen unpassierbaren Morast. Die Grundeigentümer der Queichheimer Flur waren in der Hauptsache: das Domkapitel von Speyer, das Kapitel von Landau und die Geistliche Güteradministration Heidelberg. Wirtschaftlich kam dem Rapsanbau einige Bedeutung zu, sowohl für den Eigenbedarf (Rüböl, Kraftfutter) als auch für den Handel. Gegen Ende des 18. Jahrhunderts wurden in Queichheim die ersten Reben angelegt.

Am Tage nach seiner Geburt wurde der Erstgeborene der Familie Birnbaum in der nahen evangelischen-lutherischen Pfarrkirche getauft. Taufpaten waren der Ackersmann Johannes Fath und dessen Ehefrau Maria Margarethe[3]. Der Vater des Neugeborenen, Abraham, Sohn des Taglöhners Jakob, unterschrieb bei der Geburtsanzeige mit dem Namen „Bürenbaum". Er war in zweiter Ehe verheiratet. Seine erste Frau Maria Elisabeth, Tocher des Schlossermeisters Philipp Weiß aus Bergzabern, war, ohne Kinder zu hinterlassen, verstorben. Der Witwer Abraham Bierenbaum – so die Schreibweise im Kirchenbuch – heiratete am 19. Januar 1762 Maria Barbara, Tochter des Hosenstrickmeisters Johann Martin Daumüller aus Landau. Bis zum Tode des Vaters, der am 4. August 1776 an einem „Entzündungsfieber" verstarb[4], kamen noch fünf weitere Geschwister zur Welt: drei Mädchen und zwei Jungen. Drei der Geschwister starben schon im Kindesalter. Von seinen Geschwistern teilt uns Birnbaum in

7

seinen Lebenserinnerungen nichts Bemerkenswertes mit. Auffallend ist, daß als Taufpaten für die Kinder der Familie Abraham Birnbaum stets angesehene und wohlhabende Queichheimer und Landauer Akkersleute und Handwerksmeister im Kirchenbuch eingetragen sind.

Mit sieben Jahren besuchte Johannes die Dorfschule in Queichheim. Lehrer und Pfarrer hatten ihre helle Freude an dem aufgeweckten, lernhungrigen Burschen, der sich weit mehr zum Lesen und Lernen hingezogen fühlte als zur Feldarbeit, die ihm nicht lag. Vor allem war es der Pfarrer Johann Philipp Kesselmeyer (Pfarrer in Queichheim von 1749-1794)[5], der sich bemühte, den begabten Jungen zu fördern und ihm etwas mehr beizubringen als nur das, was Ortspfarrer damals üblicherweise ihren jungen Pfarrkindern vermittelten. Pfarrer Kesselmeyer war es auch, der das Berufsziel des körperlich zart entwickelten, für die robuste und harte Feldarbeit nicht geeigneten Jungen, angab: Schulmeister sollte er einmal werden und mit diesem Vorschlag kam er auch den Wunschvorstellungen der Eltern entgegen. Waren doch im Dorf Pfarrer und Schullehrer von jedermann geachtete Respektspersonen, deren Lebensunterhalt zumindest einigermaßen durch die Verpflichtungen der Gemeinde sichergestellt war.

Für Johannes bedeutete das vom Ortspfarrer angegebene Berufsziel, daß er von nun an die Lateinschule in Landau besuchen mußte, die école latine pour Luthériens[6]. Drei Jahre lang war er Landauer Lateinschüler und an jedem Schultag trottete er von Queichheim in die Stadt, den Schulranzen umge-

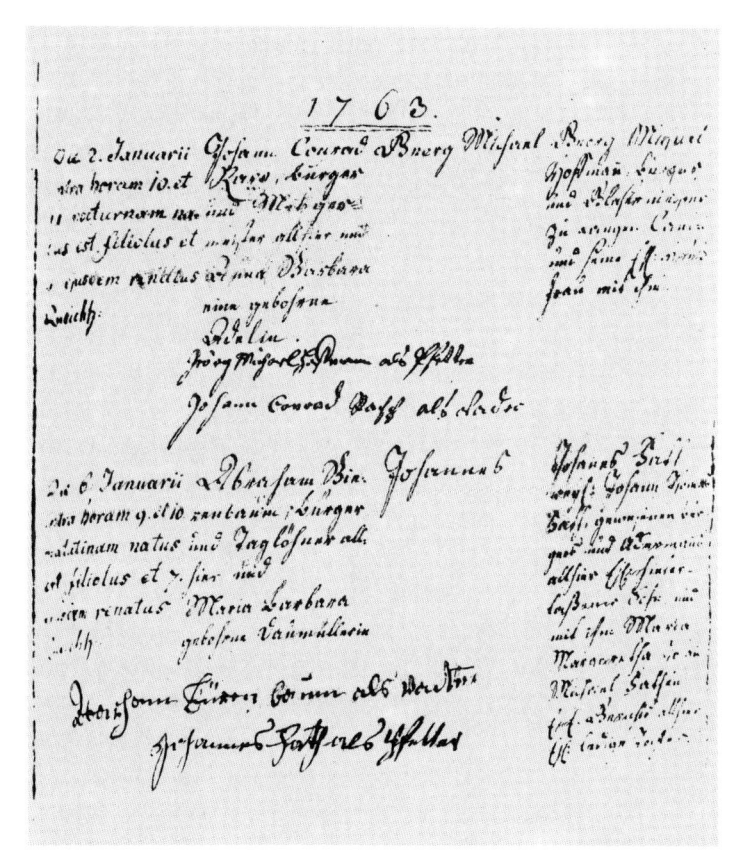

Aus dem Queichheimer Taufbuch.
(Landeskirchenarchiv Speyer a. Rh.)

hängt, sein Essen für den Tag eingepackt, und erst abends kehrte er wieder ins Elternhaus zurück. In der Schulbank saß er meist oben, das war der Platz, der dem Klassenprimus zustand und es dauerte auch nicht lange, da wurden die Herren vom Konsistorium bei ihren Schulvisitationen auf den jungen Birnbaum aufmerksam. Er glänzte in den Fächern

Geschichte, Geographie und Naturkunde und tat sich auch nicht schwer, lateinische und französische Texte ins Deutsche zu übertragen. Die Herren Inspizienten vom Konsistorium gaben daher — wie hätte es auch anders sein sollen — den Eltern dieses guten Schülers die Empfehlung, ihren Sohn Pfarrer werden zu lassen. In Straßburg sollte er Theologie studieren. Das war sicherlich gut gemeint, aber Birnbaum selbst war damit keineswegs einverstanden. Er fühlte sich zum geistlichen Amt nicht berufen. Er befürchtete, daß er als Pfarrer auf ein geselliges Leben verzichten und sich ganz seinem Beruf hingeben müsse. Er setzte daher seinen Eltern solange zu, bis diese ihn aus der Stadtschule nahmen und wieder in die Dorfschule gehen ließen.

Der ehemalige „Lateinschüler" war hier jedoch fehl am Platze und diesmal war es der Dorfschullehrer, der den Eltern zuredete, ihren begabten Sohn wieder in die Lateinschule zu schicken. Dem lernbeflissenen Johannes konnte dies nur recht sein und jetzt, als er wieder in der Landauer Lateinschule die Schulbank drückte, ließen ihn seine „Berufsberater" auch in Ruhe. Man redete ihm nicht mehr zu, Theologie zu studieren und Pfarrer zu werden.

Nach dem frühen Tod des Vaters, der im Alter von 38 Jahren starb (1776), war Johannes das älteste männliche Mitglied der Familie, und das hieß für ihn: es ist an der Zeit, Geld zu verdienen und für Mutter und Geschwister zu sorgen. An ein Studium mit all den Möglichkeiten, die sich nach einem erfolgreichen Abschluß eines Universitätsbesuches ergaben, war jetzt natürlich nicht mehr zu denken. Realere Berufsziele wurden ins Auge gefaßt: Bald sollte er

Schneider, bald Strumpfstricker wie der Großvater mütterlicherseits werden. Aber Johannes zögerte: irgendwie mochte ihm doch etwas anderes vorschweben und glücklicherweise zwang ihn die familiäre Situation nicht, Geld um jeden Preis zu verdienen. Seine Mutter übte nämlich den Beruf einer Dorfhebamme aus und bei den vielen Geburten damals hatte sie keinen Anlaß, sich über mangelnde Beschäftigung zu beklagen; so sorgte sie dafür, daß die Familie — vier Kinder waren am Leben geblieben — sich einigermaßen über Wasser halten konnte.

Johannes war 16 Jahre alt geworden, als er sich entschloß — sicherlich auf Zureden der Mutter hin — bei dem Chirurgus und evangelisch-lutherischen Schulmeister Gotthard Tonsor im nahen Offenbach in eine Lehre einzutreten. „Lehrgeld zahlen" — das mußte damals noch wörtlich genommen werden: Für die drei Lehrjahre ihres Ältesten zahlte die Mutter 22 Gulden im voraus. „Lehrjahre sind keine Herrenjahre" — auch das bekam der angehende Chirurgus zu spüren: Johannes hatte nicht nur die Kundschaft in der Barbierstube zu bedienen, auch bei Haus- und Feldarbeiten mußte er zur Stelle sein, also gerade die körperlichen Arbeiten verrichten, denen er schon seit seiner frühen Jugend aus dem Wege gegangen war. Anfangs Oktober 1781, nach Abschluß seiner Lehrzeit, erhielt er in Germersheim von dem „churfürstlich-pfälzischen Oberamts Collegio Chirurgico" seine Approbation als Kandidat der Wund- und Arzneikunde, obwohl — wie er später freimutig bekannte — seine Geschicklichkeit nicht weiter reichte als zum Bartscheren, Zähne ziehen und zur Ader lassen.

Schon im Januar 1782 fand er bei dem angesehenen Landauer Wundarzt und Geburtshelfer Johann Michael Steeg eine Anstellung als Geselle; besser gesagt: als Gehilfe in der Bartstube, wo er die Kundschaft einseifte, während sich Meister Steeg die ärztlichen Verrichtungen selbst vorbehielt. Wenn Birnbaum auch der rein fachlichen Tätigkeit im Hause Steeg nur wenig Lust und Neigung entgegenbringen konnte, so lag ihm um so mehr daran, sich um die jüngste Tocher seines Patrons, um Catharina Jakobea zu kümmern. Der Erfolg seiner Bemühungen stellte sich bald ein: Am 5. Oktober 1784 schlossen die beiden jungen Leute den Bund fürs Leben und so wurde der Taglöhnersohn aus Queichheim zum Schwiegersohn des angesehenen Landauer Bürgers Steeg, „bestemeritiertes Mitglied eines hiesigen höchsten Magistrats und Consistoriums" – so der Eintrag im evangelischen Ehebuch.
Die Flitterwochen im Hause Steeg-Birnbaum waren indes nur von kurzer Dauer. Schon unmittelbar nach der Hochzeit mußte der frischgebackene Ehemann wieder sein Bündel schnüren: Auf Geheiß des Schwiegervaters nahm er in Mannheim, der kurpfälzischen Hauptstadt, an einem Vorlesungskursus über Anatomie, Wundarzneikunde und Geburtshilfe teil. An Ostern 1785 kehrte er wieder nach Landau zurück. Zwei Jahre später bestand er die Abschlußprüfung mit dem Ergebnis, daß er sich nun „Meister der Chirurgie" nennen durfte. Birnbaum konnte aber selbst als Meister der Chirurgie den wundärztlichen Vorrichtungen, wozu ihm sein Beruf freie Hand ließ, nichts abgewinnen. Seinem Schwiegervater blieb dies nicht verborgen, und er wird schon ge-

wußt haben, weshalb er den Herrn Meister, seinen Schwiegersohn, nach wie vor nur in der Bartstube beschäftigte und die ärztliche Versorgung der Hilfesuchenden sich selbst vorbehielt.
Vielleicht wäre Birnbaum Zeit seines Lebens in der ungeliebten Bartstube geblieben, hätte dort die Kundschaft rasiert, den Leuten den Bart geschert und, wenn es hoch gekommen wäre, hätte ihn der Schwiegervater im Laufe der Jahre allmählich als seinen Nachfolger mit den Fertigkeiten und Praktiken eines Wundarztes vertraut gemacht, und Johannes Birnbaum wäre, weshalb auch nicht, ein angesehener Meister seiner Kunst geworden.
Die weltbewegenden Ereignisse in der Hauptstadt des vor dem Staatsbankrott stehenden französischen Königreiches, der Bastille-Sturm und die daraus resultierenden Folgen für die Staats- und Gesellschaftsordnung jener Zeit, gaben dem Lebensweg von Johannes Birnbaum eine ganz andere Richtung als Geburt und Herkommen es festgelegt zu haben schienen. In Landau ließ sich freilich im Sommer Anno 89 alles gemächlicher, behäbiger an als in der von den Geburtswehen eines neuen Zeitalters durchrüttelten Metropole an der Seine. Gewiß, auch in der Vauban-Festung Landau im äußersten östlichen Eckpfeiler des Königreichs, war schon im Frühjahr 1789 etwas von der fiebrigen Unruhe zu spüren, die sich im fernen Paris ausbreitete und die Menschen in Atem hielt. Die Einberufung der Generalstände (états généraux), die zum ersten Male wieder seit 1614 zusammentraten, das war schon ein Ereignis, das Bewegung in die erstarrten Formen der Feudalgesellschaft brachte. Dann das Heft der „Wünsche und

Beschwerden" (cahier des voeux et doléances), mit dem der 3. Stand sein Räsonnement zum Ausdruck brachte; Klagen über Ungleichheit, Forderungen nach Rechtsgleichheit gegenüber den privilegierten Ständen, dem Adel und der Geistlichkeit, Schutz des Eigentums, Forderung nach einer Verfassung und nach Pressefreiheit, unüberhörbare Postulate eines fast schon selbstbewußt gewordenen Citoyens, der bislang in der staatlichen Ordnung nichts gewesen war und der nach nichts mehr verlangte, als „Etwas darin zu werden" (Emanuel Sieyès).

In den Landauer Ratsprotokollen ist in der Zeit des Übergangs vom Ancien Régime zum „Zeitalter der Gleichheit" der Name Johannes Birnbaum nicht erwähnt. Es gab hier zwar eine Stadtrevolte – ähnlich wie in anderen französischen Städten –[7] die zur allgemeinen Erleichterung unblutig verlief: mehr eine kommunalpolitische Angelegenheit denn Ausdruck eines revolutionären Aufbegehrens. Die im Februar 1790 in ganz Frankreich durchgeführte Munizipalitäts-Wahl brachte in Landau „neue Männer" ins Rathaus – es waren die Aufbegehrer, die Opposition vom Sommer 89 – und damit war auch die kommunale Ruhe in der Stadt wieder hergestellt. Birnbaum stand zu dieser Zeit noch der Stadt- oder Rathauspolitik fern. Das war eher Sache von einigen alteingesessenen Landauer Familien, die schon seit Generationen die Räte, Schöffen und Bürgermeister der Stadt stellten.

Erst als in Landau, entsprechend dem Pariser Vorbild, eine „Gesellschaft der Freunde der Constitution" – auch Volksgesellschaft oder Jakobinerklub genannt – gegründet wurde, erwachte in Birnbaum die Lust, sich politisch zu betätigen. Johannes Birnbaum gehörte zu den Gründungsmitgliedern des Landauer Jakobinerklubs, der als lose Vereinigung schon seit Sommer 1790 bestand und agierte, zu seiner konstituierenden Gründungsversammlung aber erst am 1. Januar 1791 zusammentrat[8]. Zum ersten Präsidenten des Klubs wurde der lutherische Stadtpfarrer Georg Friedrich Dentzel gewählt, der ehemalige Feldprediger des Regiments „Royal Deux-Ponts", der in Landau zum konsequentesten Vertreter der Revolutionsideale werden sollte[9]. Birnbaum war neben Jean Louis Fröhlich Sekretär der Gesellschaft; auch in der Folgezeit wurde er noch mehrere Male zum Sekretär gewählt. Neben Dentzel, der dem Jakobinerklub einige Male als Präsident vorstand[10], wurde Birnbaum zu einem der rührigsten Jakobiner der Stadt, von wo aus das Gebiet zwischen Queich und Lauter aber auch das von den Revolutionstruppen besetzte Territorium bis nach Mainz mit den Absichten der Revolution, ihren Ideen und Verheißungen, bekannt gemacht wurde.

In der Gründungsversammlung der Gesellschaft der Konstitutionsfreunde hielt Sekretär Fröhlich die Eröffnungsrede, deren Wortlaut Johannes Birnbaum auf den Seiten 1-5 des Protokollbuchs in gestochen sauberer Handschrift aufgezeichnet hat[11]. Fröhlich bezeichnete es als Aufgabe der Gesellschaft, „die Dekrete der Nationalversammlung durch ihre Auslegung dem Volke bekannt, verständig und fühlbar zu machen". Noch deutlicher drückte sich Johann Peter Ackermann aus, einer der letzten Präsidenten der Landauer Volksgesellschaft[12]. Für ihn war der Jakobinerklub der eigentliche Motor

der Revolution: „sie (die Volksgesellschaften) spürten allem nach, was dem Gang der Revolution hinderlich sein konnte ... sie waren die wachsamen und beherzten Ankläger der Feinde des Vaterlandes und der Freiheit, die sie in ihren verborgensten Winkel aufsuchten und deren Schrecken sie waren"[13].
Birnbaum leistete am 9. Januar 1791 den Verpflichtungseid als Klubmitglied: „frei leben oder sterben" – daran anschießend hielt er eine „öffentliche Rede". Das sollte nicht das erste- und letztemal sein, daß Birnbaum in der Konstitutionsgesellschaft das Wort ergriff. Im Protokollbuch der Gesellschaft ist unterm 6. April 1791 der Eintrag zu finden: „es wird ein neuer Sekretär gewählt. Birnbaum tritt mit einer schönen Rede ab". Am 17. September 1792 nahm Birnbaum den Friedensrichter Rummel gegenüber Angriffen aus den Reihen der Gesellschaftsmitglieder in Schutz, indem er für dessen „richterliche Unabhängigkeit" eintrat[14]. Gemeinsam mit dem äußerst aktiven Jakobiner Jakob Johann Fried[15] organisierte Birnbaum die deutsche Lesestunde in der Gesellschaft, er unterstützte die Aufnahme neuer Mitglieder und beteiligte sich, wann es immer nur notwendig wurde, an der Abfassung von Resolutionen und Eingaben. Zehnmal im Monat, mitunter aber noch häufiger, trat die Volksgesellschaft zu ihren Sitzungen zusammen. Für Birnbaum bedeutete dies, daß er nun endgültig Abschied zu nehmen hatte von Messer und Schere, von der Bartstube, was ihm sicherlich nicht allzu schwer fiel. Für ihn begann jetzt ein neues Leben: er verschrieb sich ganz und gar der neuen Zeit, er wurde zu einem unbedingten Parteigänger der Revolution. In der Stadt war er

kein Unbekannter mehr und als Sekretär der Gesellschaft pflegte er – das gehörte zu seinen „Amtspflichten" – freundschaftliche Beziehungen mit den Festungskommandanten, die sich hin und wieder zu den Sitzungen der Gesellschaft einfanden und die sich auch zu Ehrenmitgliedern der Landauer Sektion des Jakobinerklubs ernennen ließen. Ein häufiger Besucher der Sitzungen war General Kellermann, der spätere Sieger von Valmy, der vom 31. März 1791 bis zum 26. April 1792 Gouverneur der Festung Landau war.

Ob der General und Gouverneur der Festung dem Sekretär der Gesellschaft der Konstitutionsfreunde auch das Entrée in die um diese Zeit in der Stadt unter Mitwirkung des hier schon erwähnten Johann Peter Ackermann gegründete Freimaurerloge „Union philanthropique" verschaffte, ist freilich nur eine vage Vermutung, die sich mit konkreten Hinweisen und Fakten nicht belegen läßt[16]. Bemerkenswert ist jedoch, daß die Freundschaft Birnbaums mit Kellermann die Landauer Zeit überdauerte. Auch später, als sich Birnbaum nach seiner Absetzung als Präfekt des Wälderdepartements um ein neues Amt in Staatsdiensten bewarb, waren es stets sehr einflußreiche Persönlichkeiten, zumeist Freimaurer, die sich für Birnbaum einsetzten, indem sie dessen Wiederverwendung bei den zuständigen Stellen empfahlen.

In diesem Jahr 1791, als sich Birnbaum mit seinem Eintritt in die Volksgesellschaft für die Revolution entschied, wuchsen ihm noch weitere Ämter zu: Im April verhalf ihm der aus Straßburg stammende Munizipalbeamte Georg Michael Treiber, auch ein

Mitglied der Gesellschaft der Konstitutionsfreunde, zu einem städtischen Amt. Er wurde Adjunkt des Munizipalsekretärs, wofür ihn die Stadtverwaltung mit 24 livres monatlich entschädigte. Zwei Monate später ernannte ihn der erste amtierende Friedensrichter der Stadt, der 71 Jahre alte Metzgermeister Johann Jakob Rummel, zu seinem Schreiber, zum „Greffier".

Noch war Birnbaum nur Schreiber des mit Justizorganisationsgesetz vom 16./24. August 1790 eingeführten Friedensgerichts, der untersten Instanz der neuen Gerichtsorganisation. Jedoch – Gerichtsschreiber oder Greffier – das war zu jener Zeit eine Position, die in der Gesellschaft hohes Ansehen genoß. Der Greffier war vielleicht die wichtigste Person bei diesem Gericht. Er mußte schreibgewandt und gesetzeskundig sein, da der gewählte Friedensrichter selbst, nicht selten ein biederer Handwerksmeister, Krämer oder Gastwirt, keine Veranlassung hatte, sich während seiner auf zwei Jahre begrenzten Amtszeit mit dem Studium der Gesetze – und täglich wurden neue Gesetze und Dekrete erlassen – herumzuplagen. Dazu war der Greffier da!

Am 10. Dezember 1792 wählten die Aktiv-Bürger von Landau ihren zweiten Friedensrichter, den Kaufmann Heinrich Grether. Auch der Schreiber des Friedensgerichts war durch Stimmabgabe – die Wähler schrieben den Namen ihres Kandidaten auf einen Zettel, der in eine Urne geworfen wurde – zu wählen. Während sich an der Wahl des Friedensrichters noch 212 Bürger beteiligten, fanden sich zur Wahl des Schreibers nur 73 wahlberechtigte Bürger ein. Das Wahlrecht war an eine bestimmte Steuerabgabe (Zensus) gebunden, was im Grunde genommen dem von der Verfassung deklarierten Prinzip der Gleichheit widersprach[17].

Bei seiner Büro- und Schreibertätigkeit, die Birnbaum zu dieser Zeit verrichtete, kam ihm zustatten, daß er sich schon seit dem Ausbruch der Revolution bemüht hatte, sein Schul-Französisch zu verbessern. Noch bevor er Friedensgerichtsschreiber wurde, nahm er bei einem „Sprachmeister" etwa 2-3 Monate hindurch Stunden in Französisch und arbeitete dann im Selbststudium weiter.

Am 19. September 1793, während der Blockade der Festung Landau durch die Preußen, erhielt Birnbaum zu seinem Amt als Friedensgerichtsschreiber eine Berufung als Verwalter der unter Sequester stehenden Güter des Domkapitels Speyer und wurde damit Nachfolger des verstorbenen Einnehmers Jean Baptist Peuvrelle[18]. Die neue Tätigkeit füllte die Haushaltskasse auf, was von der Familie Birnbaum begrüßt wurde, da in der eingeschlossenen Festung die Lebensmittelrationen von Tag zu Tag schmäler und teurer wurden.

Einen vorläufigen Abschied von der Justiz nahm Birnbaum am 22. Februar 1794[19]. Er kam als Distrikts-Sekretär zur Verwaltung nach Weißenburg, wo die für Landau zuständige Distrikts-Verwaltung ihren Sitz hatte. Das mag ihm nicht unlieb gewesen sein; denn in Landau standen um diese Zeit die Dinge nicht gerade zum besten. Nach der geglückten Befreiung (Deblockade) Landaus, Ende Dezember 1793 durch die Sansculotten, die unter dem Kommando der Generäle Pichegru und Hoche standen, entfachten die beiden, für die Rhein- und Moselarmee ernannten Volksrepräsentanten, Baudot und Lacoste eine üble Verdächtigungskampagne gegen Georg Friedrich Dentzel, der während der Belagerung als Volksrepräsentant die politische Verantwortung für die Festungsstadt getragen hatte. Birnbaum konnte sich glücklich schätzen, von Weißenburg aus die Vorgänge in Landau als Zuschauer mitansehen zu können, zumal auch gute Bekannte und Freunde von ihm in den Kreis der Verdächtigen und „Aristokraten", also der erklärten Feinde der Revolution, miteinbezogen und verfolgt wurden: 39 angesehene Bürger der Stadt wurden zu Beginn des Jahres 1794 verhaftet und als Geiseln im elsäßischen Pfalzburg festgehalten[20]. Am 7. Februar 1794 gaben die Volksrepräsentaten sogar die Bildung eines Standgerichts bekannt. Zu Exekutionen kam es glücklicherweise aber nicht. Kein Landauer Bürger mußte während der Zeit, da Baudot und Lacoste in der Stadt die Direktiven ausgaben, das Blutgerüst besteigen und auch die Geiseln trafen nach dem 9. Thermidor, nach dem Sturz Robespierres, wieder wohlbehalten in ihrer Heimatstadt ein.

Gut ein Jahr lang sollte Birnbaum in Weißenburg als Sekretär der Distrikts-Verwaltung und als Gemeinde-Agent tätig sein. Damit kam er auch wieder mit der Justiz in Berührung: Der Gemeinde-Agent nahm als Ankläger an den Sitzungen des Friedensgerichts teil, wenn das Gericht in Strafsachen als Polizeigericht tätig wurde (Aburteilung von Übertretungen, Verurteilungen zu Geldstrafen, die das Dreifache eines Tageslohnes nicht übersteigen durften, Verurteilung zu Freiheitsstrafen bis zu drei Tagen). Daneben übte er auch zeitweise eine richterliche Tätigkeit aus,

nämlich als Hilfsrichter am Distrikts-Gericht, das – ebenso wie die Distrikts-Verwaltung – in Weißenburg seinen Sitz hatte. In der Verwaltung und zugleich als Hilfsrichter und als Vertreter der Staatsbehörde in den Sitzungen des Polizeigerichts tätig zu sein – das war trotz der durch das Gerichtsorganisationsgesetz vom August 1790 zum Prinzip erhobenen Trennung der drei Staatsgewalten noch möglich. Seine Verwendung als Hilfsrichter beim Distrikts-Gericht empfand Birnbaum als eine Strafmaßnahme. Den Groll der politischen Verwaltung hatte er sich zugezogen, weil er in seiner Eigenschaft als Gemeinde-Agent die Weißenburger Stadträte veranlaßt hatte, eine von ihm abgefaßte, an die Nationalversammlung gerichtete Eingabe zu unterzeichnen, deren Inhalt war: der christliche Gottesdienst möge wieder zugelassen werden. Der Konvent leitete diese Petition an den Sicherheitsausschuß (comité de surveillance), und von Paris aus ermahnte ihn sein Freund Dentzel, seit September 1792 Abgeordneter des Departements Bas-Rhin in der Nationalversammlung, zu mehr Zurückhaltung in seinen politischen Äußerungen: „Der Augenblick, diese Sache zur Sprache zu bringen, ist noch nicht gekommen."
Im Frühjahr 1795 kehrte Birnbaum wieder nach Landau zurück. Anlaß hierfür war die Erhebung der Stadt zum Hauptort des neu eingerichteten 5. Distrikts des Departements Bas-Rhin. Schon zwei Jahre zuvor, im Frühjahr 1793, sollte Landau aus dem Weißenburger Distrikt ausgegliedert werden. Zusammen mit 32 Dörfern „an und oberhalb der Queich", die sich im Dezember 1792 mit einer Bittschrift an den Nationalkonvent gewandt und um

Aufnahme in die „eine und unteilbare Republik" gebeten hatten, sollte Landau einen neuen Verwaltungsbezirk bilden. Ungeachtet der Tatsache, daß man sich noch mitten im Kriege befand, erließ der Nationalkonvent am 14. März 1793 ein „Vereinigungs-Dekret" und der Landauer Magistrat unternahm im Frühjahr 1793 beachtliche Anstrengungen, diesem Dekret so schnell wie möglich Geltung zu verschaffen. Am 9. Juli 1793 traf Dentzel von Straßburg herkommend in Landau ein mit dem vom Nationalkonvent erteilten Auftrag in seinem Gepäck, die Distrikts-Verwaltung in Landau zu organisieren[21]. Die kriegerischen Ereignisse, die fast ein halbes Jahr andauernde Blockade der Stadt und Festung Landau, verhinderten die Durchführung dieses Vorhabens; denn die Mehrzahl der für den 5. Distrikt in Betracht gezogenen Gemeinden befand sich zu dieser Zeit in der Hand der Verbündeten[22]. Im Frühjahr 1795 standen die Dinge jedoch wieder anders. Das republikanische Frankreich hatte das linke Rheinufer fest in seiner Hand, und die Besatzungsmacht konnte jetzt schon eher daran denken, das besetzte Gebiet auch verwaltungsmäßig der Republik einzugliedern, zumal alle Anzeichen darauf hindeuteten, daß Frankreich in einem Friedensvertrag seine Ostgrenze bis an den Rhein vorschieben werde.
Im Frühjahr 1795 entsandte der Nationalkonvent den Volksrepräsentanten Becker nach Landau[23]. Er hatte die Order, die schon seit zwei Jahren anstehende Organisation des 5. Distrikts voranzutreiben und außerdem wieder Ordnung in die städtischen Verhältnisse zu bringen; denn damit — um es genau zu sagen: mit dem städtischen Haushalt — stand es sehr

schlecht. Die Landauer Munizipalität verfügte kaum mehr über Einkünfte aus Güterverpachtung; das war bisher eine der städtischen Haupteinnahmequellen. Der von der Stadt ehemals verwaltete, aus geistlicher Hand stammende umfangreiche Grundbesitz (Geistliche Güteradministration Heidelberg, Kapitel von Landau), wurde als „Nationalgut" beschlagnahmt und versteigert. Der Versteigerungserlös floß dem Staat und nicht der Stadt zu. Der Stadtkämmerer stand vor leeren Kassen, und die Verwaltung konnte ihre Bediensteten nicht mehr bezahlen. Selbst der „Moniteur", das aus Paris kommende Amtsblatt mit den neuesten amtlichen Veröffentlichungen, mußte abbestellt werden[24].

Volksrepräsentant Becker benötigte zur Durchführung seines Auftrags tüchtige und vielseitig verwendbare Mitarbeiter. Es war daher kein Zufall, daß sich Becker an Birnbaum wandte und ihn bat, die Stelle des Distrikts-Sekretärs in der neuen Verwaltung zu übernehmen. Birnbaum besann sich nicht lange und nahm das Angebot an. So wurde er Chef-Sekretär (secrétaire en chef) des 5. Distrikts, dem die Kantone Landau, Kandel, Billigheim und Bergzabern angehörten. In seiner Eigenschaft als Chef-Sekretär war er dafür verantwortlich, daß die staatlichen Anordnungen an die Kantonsverwaltungen und von dort aus in die Praxis des Kommunallebens gelangten. Seiner vorgesetzten Dienststelle gegenüber trug er die Verantwortung, daß die staatlichen Gesetze, Anordnungen und Weisungen auch richtig durchgeführt wurden.

Noch ein weiteres Amt nahm Birnbaum zu dieser Zeit an: Er wurde „Sachwalter" des zugleich mit der

Distrikts-Verwaltung in Landau eingerichteten Tribunals für den Distrikt, eine Verwaltungstätigkeit, die ihm „Klingegeld" (argent sonant), das war Hartgeld, im Gegensatz zum ungeliebten, der Inflation unterliegenden Papiergeld, den Assignaten, einbrachte. Im Sommer 1795, als Birnbaum bei der Verwaltung des Distrikts und beim Tribunal die Hauptlast der administrativen Tätigkeit in diesen Amtsbereichen zu tragen hatte, scheint ein in gewisser Wohlstand im Hause Birnbaum Einkehr gehalten zu haben. Johannes Birnbaum beteiligte sich jedenfalls in seiner Heimatgemeinde Queichheim an der Versteigerung von Nationalgütern. Der Nicht-Landwirt Birnbaum ersteigerte etwas mehr als sechs Morgen Land[25], ein gewiß bescheidener Einstieg in das „Anlagen-Geschäft", wenn man die Erwerbungen Queichheimer Bauern und Landauer oder auswärtiger Geschäftsleute dagegen hält, die den Grundstock zu Vermögen legten, die zum Teil bis auf den heutigen Tag in den Händen der Ersteigerer-Familien geblieben sind.

Die Landauer Bürgerschaft, der es schmeichelte, daß ihre Stadt zum Distrikts-Hauptort erhoben wurde, hatte sich noch nicht einmal an diese neue Bezeichnung ihrer Stadt gewöhnt, als der 5. Distrikt auch schon wieder aufgelöst wurde; das war im Herbst 1795. Für Birnbaum bedeutete dies: Verlust seiner Ämter bei der Administration und beim Tribunal. Aber lange sollte es nicht dauern bis er wieder zu einer neuen Beschäftigung kam: Am 5. November 1795 wählten ihn die drei Urversammlungen des Kantons Landau (mit den Dörfern Altdorf, Arzheim, Dammheim, Eschbach, Essingen, Freisbach,

Gommersheim, Hayna, Herxheim, Herxheimweyher, Niederhochstadt, Nußdorf, Oberhochstadt, Queichheim, Ranschbach, Rülzheim, Waldhambach und Waldrohrbach) zu ihrem Friedensrichter. Da die Stadt Landau nicht zu seinem Amtsbezirk gehörte, er aber als Friedensrichter gesetzlich verpflichtet war, in seinem Gerichtsbezirk zu wohnen, zog er im Mai 1796 mit seiner Familie – noch vier Kinder waren zu diesem Zeitpunkt von insgesamt acht geborenen Kindern am Leben geblieben – von Landau wieder in seinen Geburtsort Queichheim. Sein Wohnhaus war zugleich sein Dienstgebäude, in dem er die Sitzungen abhielt und die Amts- und Gesetzesblätter aufbewahrte. Nach seiner am 12. November vorgenommenen Vereidigung richtete er an die „Gerichtsbaren" (Gerichtseingesessenen) seines Bezirks ein Rundschreiben, in dem er versprach, das in ihn gesetzte Vertrauen zu rechtfertigen und „dem Gesetz und seinem Gewissen Genüge zu tun"[26]. Vorübergehend – vom 11. Januar bis April 1796 – verwaltete Birnbaum nach dem Tode des Landauer Friedensrichters, bis zur Wahl eines Nachfolgers, auf Anordnung des Distriktsrichters Böll (Weißenburg) auch den Bezirk des Friedensgerichts Landau (Stadtgebiet von Landau). Auch andere, nicht zum Kanton Landau gehörende Dörfer, gehörten zeitweise zu seinem Gerichtsbezirk. Es handelte sich dabei um von den Revolutionstruppen eroberte Gemeinden, aus denen die Beamten der ehemaligen Ortsherren geflohen waren. Mitunter kam es dann vor, daß Birnbaum „Gerichtsherr" über 40 bis 50 Dörfer war und da die Gemeinden damals noch „ihren" Friedensrichter selbst bezahlen mußten – der Friedensrich-

ter erhielt vierteljährig von jeder Gemeinde 2 Gulden (kein Papiergeld!) – verfügte der juge de paix über ein Einkommen, mit dem es sich damals durchaus leben ließ.
Zum Jahresende 1797, nach Ablauf seiner zweijährigen Amtszeit, wurde Birnbaum ein zweitesmal zum Friedensrichter des Kantons Landau gewählt. Bei dieser Wahl gaben ihm nahezu alle Wahlmänner ihre Stimme; Beweis und Bestätigung dafür, daß sich Birnbaum durch seine richterliche Tätigkeit das Vertrauen der Bevölkerung seines Bezirks erworben hatte. Auch bei der Verwaltung war Birnbaum nicht in Vergessenheit geraten: Er erhielt den Auftrag, die Gemeindekasse in Herxheim einer Kontrolle zu unterziehen, da der dortige Gemeinde-Agent in den Verdacht gekommen war, Gemeindegelder veruntreut zu haben. Birnbaum nahm in der Zeit vom 14. Oktober 1797 bis zum 16. Januar 1798 die ihm aufgetragene Untersuchung vor. Sie endete mit einer vollen Rehabilitierung des Gemeindebeamten[27].
Im Frühjahr 1799 mußte sich Birnbaum wiederum auf einen neuen Lebensabschnitt einstellen: Am 15. April wurde er in Straßburg zum Departements-Verwalter gewählt. Wieder war ein Domizilwechsel die Folge dieser beruflichen Veränderung. Mit seiner Familie zog er nach Straßburg. Queichheimer Freunde und Mitbürger waren im dabei behilflich. Nur ungern ließen sie „ihren Friedensrichter", den sie hochschätzten und achteten, in die ferne Münsterstadt ziehen. Birnbaum selbst hatte ein ungutes Gefühl, als er in die Hauptstadt des Departements kam. Große Städte mit ihrer Betriebsamkeit und den vielen Menschen sind ihm immer fremd geblieben. Auch

später, als er nach Luxemburg und Brüssel kam, ist es ihm nicht anders ergangen. Er war daher auch stets bemüht, bei den zahlreichen berufsbedingten Wohnsitzwechseln, die er im Verlaufe seines Lebens vorzunehmen hatte, unverzüglich seine Familie nachkommen zu lassen. So konnte er sich wenigstens in seiner Mietwohnung, im Kreise seiner Familie heimisch fühlen.

In Straßburg sollte er tatsächlich bald eine bittere Enttäuschung erleben: Obwohl für fünf Jahre gewählt, war er nur ein Jahr lang Verwalter des Departements. In Paris waren inzwischen grundlegende Änderungen an der Staatsspitze eingetreten. Napoleons Stern war aufgegangen: Am 18. Brumaire VIII (9. November 1799) trieb er das Direktorium auseinander, und als 1. Konsul übernahm er die Macht in der Republik, die er bald in ein Kaiserreich umwandeln sollte. Napoleon richtete eine neue Verwaltung ein: Das Präfektursystem, das die Grundlage für die moderne französische Behördenorganisation bildete (Gesetz vom 28. Pluviôse VIII = 17. Februar 1800)[28]. An der Spitze des Departements stand der Präfekt. Ihm nachgeordnet war der Unterpräfekt, Chef einer neu gebildeten Verwaltungseinheit, dem Arrondissement, das war die mittlere Verwaltungsbehörde, der die Funktion eines Bindeglieds zwischen Departement und den Gemeinden zugewiesen wurde. Der grundlegende Unterschied zwischen der alten und der neuen Verwaltungsstruktur bestand darin, daß die Beamten der neuen Verwaltung von der Staatsspitze ernannt wurden, während zuvor der Wähler bestimmte, wer ihn regieren und wer sein Richter sein sollte. Napoleon knüpfte damit, was den Staats- und Behördenapparat anbelangte, an das an, was die Revolution verändert hatte; er nahm wieder den Zentralismus und das dirigistische System der Feudalzeit auf. Der Staat verfügte jetzt über einen straff organisierten Behördenapparat, in dem die leitenden Positionen ausschließlich von treuen Gefolgsleuten des Regimes eingenommen wurden.

Birnbaum verlor mithin im Zuge der Neuorganisation der Verwaltung seinen Posten. Es blieb ihm daher nichts anderes übrig, als seine Familie wieder nach Queichheim zurückzuschicken. Er selbst blieb noch in Straßburg, und von dort aus sah er sich nach einer neuen Verwendungsmöglichkeit um. Zunächst wandte er sich mit einer Eingabe unmittelbar an Napoleon, bei dem er sich bitter über die ihm zuteil gewordene Behandlung beklagte. Einen Bittbrief richtete Birnbaum an den General von Clarke, einen französischen Edelmann englischer Herkunft, zu dieser Zeit Offizier im Stabe Napoleons, den er von Landau her kannte: 1792/93 gehörte Clarke zeitweise der Landauer Garnison an. Als Stabsoffizier diente er den Generälen Custine und Beauharnarnais[29]. Birnbaum hatte Clarke im Landauer Jakobinerklub kennen gelernt – wie so viele andere hohe Militärs, mit denen er die Verbindung nie abreißen ließ. Eingedenk der in Landau geschlossenen Freundschaft – unter Klubisten war das vertraute Du die übliche Anrede – bemühte sich Clarke für Birnbaum. Durch briefliche Rückfrage vergewisserte er sich, ob Birnbaum auch bereit wäre, eine Funktion außerhalb seines Heimatdepartements anzunehmen. Birnbaum sagte zu und schon am 23. Ventôse VIII (14.

März 1800) ernannte ihn der 1. Konsul zum Präfekten des Wälderdepartements (Département forêts – heute im wesentlichen Großherzogtum Luxemburg). Birnbaum wäre es schon lieber gewesen, wenn er wieder zur Justiz hätte zurückkehren können. Ein höheres Richteramt – das war seine Wunschvorstellung, die er auch seinem Freund Clarke unterbreitet hatte. Aber zur Stunde konnte er es sich nicht leisten, wählerisch zu sein. Drückende finanzielle Sorgen und die Befürchtung, daß der allmächtige Bonaparte über eine Ablehnung verärgert sein könnte, mit all den sich daraus ergebenden üblen Folgen, waren ausschlaggebend für seine Zusage. So wurde er Präfekt in Luxemburg, wo er am 11. April 1800 eintraf.

Seine Reise nach Luxemburg, seinem neuen Dienstsitz, trat er von Landau aus an. Dort hatte er nach seiner Rückkehr aus Straßburg bei seinen Schwiegereltern eine vorübergehende Bleibe gefunden. Am Tage nach seiner Ankunft in Luxemburg legte er seinen Amtseid ab und nahm seine Dienstgeschäfte auf. Seine Familie ließ er anfangs Mai nachkommen. Nur mit Mühe gelang es Birnbaum, sich in seiner neuen Umgebung zurecht zu finden. Dabei war es weniger seine berufliche Tätigkeit als hoher Verwaltungsbeamter, die im Verdruß bereitete, sondern mehr die gesellschaftlichen Verpflichtungen, denen er sich unterziehen mußte. Die bürgerliche Gesellschaft war um die Zeit der Jahrhundertwende, kurz vor der Umwandlung der Republik zum Kaiserreich, wieder dem Ancien Régime ähnlicher geworden; mit dem Unterschied, daß die Bourgeoisie die Rolle des besitzlos gewordenen Adels übernommen hatte. Die

Revolution war beendet. Gestützt auf den während
der Revolution erworbenen Grundbesitz drängte ein
selbstbewußt gewordenes Bürgertum nach vorne,
dazu bereit, auch die politische Verantwortung im
Staate mitzutragen. Die Jakobinermütze war kein
Ausweis mehr für staatstreue Gesinnung.
Allmählich überwand Birnbaum seine Schwierigkeiten, und es gelang ihm, sich auf Bällen und Empfän-
gen frei und unbefangen zu bewegen. Er gewann vor
allem das Vertrauen der Bevölkerung, und sein Departement wurde sogar − neben neun anderen −
ausgezeichnet. Birnbaum konnte, was seine Zukunft
anbelangte, guter Dinge sein. Er war daher aufs tief-
ste betroffen, als er in den ersten Dezembertagen
(1800) aus Paris die Mitteilung von seiner Entlassung
erhielt, ein Schreiben, das Napoleon am 9. Frimaire
IX (30. November 1800) unterzeichnet hatte. Birnbaums Beschwerde gegen diese révocation wurde
dem 1. Konsul am 19. Nivôse IX (9. Januar 1801)
zugeleitet[30]. In seiner Beschwerdeschrift verweist
Birnbaum auf seine Verdienste während seiner kur-
zen Amtszeit als Präfekt: Wegen seiner bei der Ein-
treibung der Steuern und Abgaben entfalteten Akti-
vität sei er vom Finanzminister belobigt worden;
dank seiner Überredungskünste seien 500 Rekruten
zur Fahne geeilt anstatt der 240 angeforderten; die
notwendigen Materiallieferungen habe er steigern
können, und wie niemals zuvor hätten die Beamten
unter seiner Amtszeit die Gesetze beachtet und der
Regierung gegenüber Gehorsam und Vertrauen ent-
gegengebracht. Mit seiner Beschwerde konnte Birnbaum indes nichts ausrichten, und selbst als er die
gutgemeinten Ratschläge von Freunden befolgte und

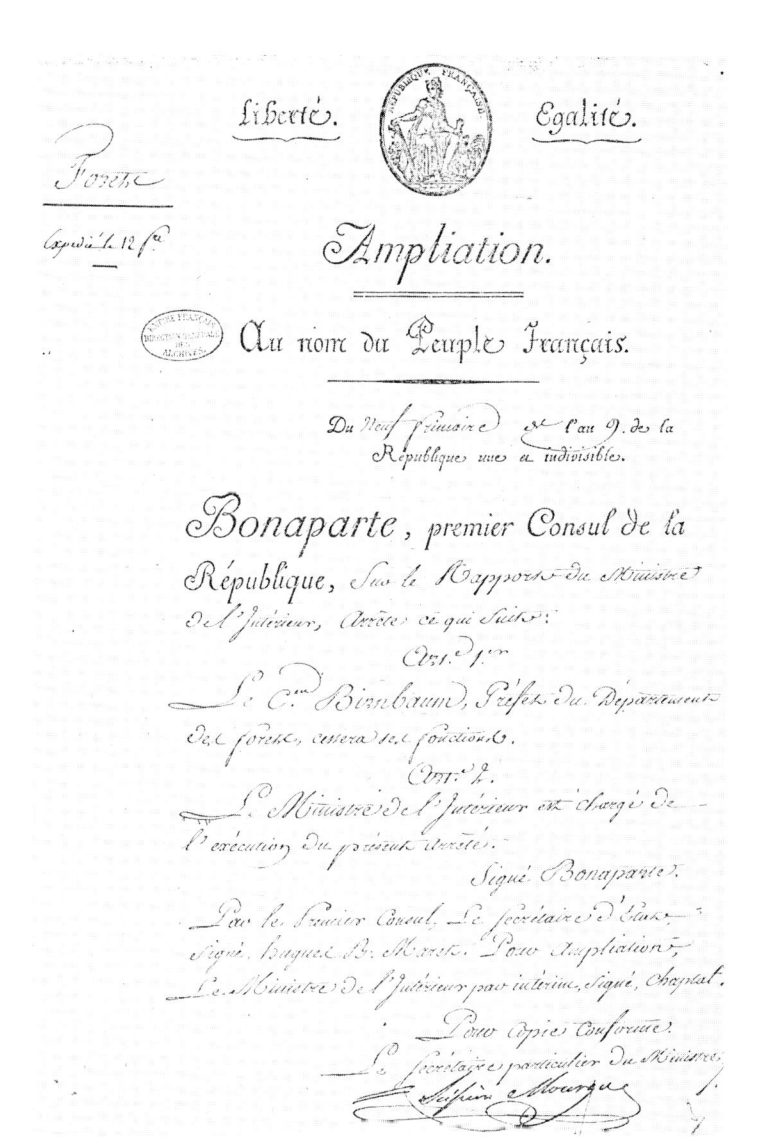

Entlassungsurkunde vom 7. Dezember 1800
Johannes von Birnbaum wurde als Präfekt des Wälder-Departements von Napoleon entlassen, dessen Unterschrift die Urkunde trägt.

sich auf den Weg in die Hauptstadt machte, um an Ort und Stelle näheres über seine Entlassung in Erfahrung zu bringen, gelang es ihm nicht, so sehr er sich auch darum bemühte, zu Napoleon selbst vorgelassen zu werden. Aber wie schon in ähnlichen Situationen in seinem Leben, fand Birnbaum auch in Paris wieder Freunde, die sich um ihn kümmerten und die ihn unterstützten. Und wieder war sein alter Landauer Klub-Freund Clarke zur Stelle, der schon bei seiner Ernennung zum Präfekten eine nicht unwichtige Rolle gespielt hatte. Unmittelbar nach seiner Ankunft in Paris bat Birnbaum Clarke, jetzt bevollmächtigter Minister und enger Vertrauter Napoleons, um eine Unterredung. Obgleich der Minister diesem Wunsche nicht entsprechen konnte – möglicherweise deshalb, weil er Napoleon nicht vor den Kopf stoßen wollte – schickte er ihm seinen Flügeladjutanten mit der Versicherung, daß er, Clarke, alles tun werde, um seinem Freunde Birnbaum wieder eine Anstellung zu verschaffen. Birnbaum konnte mithin fürs erste beruhigt sein; denn auf diese Zusage – das wußte er – war Verlaß. Während seines Pariser Aufenthalts lernte Birnbaum auch die beiden Mitkonsuln Napoleons, Lebrun und den ehemaligen Justizminister Cambacérès kennen. Auch sie unterstützten Birnbaum in seinen Bemühungen um eine Wiederverwendung im Staatsdienst. Als Birnbaum wieder die Heimreise nach Luxemburg antrat, hatte er, dank der Unterstützung seiner Freunde und Bekannten, in seinem Reisegepäck seine Ernennung zum provisorischen Appellationsrichter am Appellgericht in Brüssel (29. Pluviôse IX = 18. Februar 1801).

In Luxemburg fand er seine Frau im Krankenbett vor, weshalb der Umzug nach Brüssel um einige Wochen verschoben werden mußte. Erst am 16. März konnte er sich auf den Weg nach Brüssel, seinem neuen Dienstort, machen. Fast eine Woche lang war er mit der Postkutsche unterwegs, in Begleitung seines Schwiegervaters, des Landauer Wundarztes Steeg, der zur ungelegensten Zeit, nämlich mit der Hiobspost der Entlassung seines Schwiegersohnes, in Luxemburg eingetroffen war.

Brüssel war für Birnbaum – wie hätte es auch anders sein können – zunächst einmal eine Belastung. In der großen und reichen Kaufmannsstadt kam er nur mit dem an, was er auf dem Leibe trug. Ein großer Teil des Hausrats und der Wäsche mußte in Luxemburg verkauft werden, da Geld für den Umzug benötigt wurde, für dessen Kosten er selbst aufzukommen hatte. Seine Familie war inzwischen auch größer geworden. Das jüngste Kind, eine Tochter mit den wohlklingenden Vornamen Constantine Felicitas Fidelitas Petronella Charlotte Theodora Maria Amanda, war noch nicht ein Jahr alt (geb. Luxemburg 30. August 1800). Sein nicht gerade fürstliches Gehalt und das Fehlen anderer Ressourcen gestatteten ihm nicht, gesellschaftliche Verpflichtungen wahrzunehmen, wozu er seiner Stellung nach verpflichtet gewesen wäre. Und noch etwas kam hinzu, was seinen Aufenthalt in Brüssel nicht gerade angenehm gestaltete: Seine Kollegen am Obergericht, sie waren alle studierte Juristen, sahen naserümpfend auf den homo novus herab; den gewesenen juge de paix, ohne juristische Ausbildung, nur vom Volke gewählt. Ein juristischer Laie, dem das corpus iuris, die Institutionen und Pandekten, das waren die

Rechtsbücher, die seit der Rezeption die Grundlage für das Recht der Zeit bildeten, mit sieben Siegeln behaftet, für ihn also verschlossene Bücher waren; ganz einfach deshalb, weil seine Schulkenntnisse in Latein zum Studium dieser in lateinischer Sprache abgefaßten Rechtsbücher nicht ausreichten. Birnbaum ließ sich jedoch durch die abweisende Haltung seiner Kollegen ihm gegenüber nicht entmutigen. Er wußte, daß er keine andere Wahl hatte, als das Versäumte nachzuholen, und daher lernte er eifrig Latein. Nach 1 1/2-jährigem fleißigen Selbststudium war er schließlich soweit, daß er sich, was seine Kenntnisse in Latein und im römischen Recht anbelangte, durch nichts mehr von einem Juristen mit Hochschulstudium unterschied. Auch seinen Kollegen blieb dies nicht verborgen, und jetzt hatten sie auch nichts mehr gegen ihn einzuwenden. Im Gegenteil: sie schätzten und achteten ihn, sie luden ihn zu Gesellschaften ein und er gewann auch Freunde. Er erhielt die Zusicherung, daß er alsbald in eine Planstelle eingewiesen werde, und um das Glück voll zu machen, stellte sich am 26. Februar 1802 wieder Nachwuchs in der Familie ein: eine Tochter kam zur Welt, Fanny Theodore Theresia.

Aber das alles: Erfolg im Beruf und Zufriedenheit im häuslichen Bereich, bewirkten bei ihm nicht, daß er sich in Brüssel „wie zuhause" fühlte. Gelegenheit, sich den Wunsch nach einem Ortswechsel zu erfüllen, bot sich ihm im Frühjahr 1803. Die alte Bischofs- und Residenzstadt Trier war es, die Birnbaums nächste Station auf seinem Lebensweg werden sollte. In Trier hatte die französische Besatzung schon im Dezember 1796, ebenso wie in Zweibrücken und Kreuznach, ein Berufungsgericht eingerichtet[31]. Einen weiteren Ausbau als Gerichts-Residenz erfuhr Trier, als mit Verordnung des Pariser Direktoriums vom 21. Fructidor VII (7. September 1799) ein tribunal de révision geschaffen wurde, das zwar zunächst seinen Sitz in Mainz hatte, aber schon am 5. Frimaire VIII (26. November 1799) nach Trier verlegt wurde. Dieses Gericht war als Revisionsgericht zuständig für die vier linksrheinischen, der Republik noch nicht de iure eingegliederten Departements (Ruhr, Saar, Rhein und Mosel, Donnersberg) und entsprach in seiner Funktion der des Kassationshofes in Paris, dessen Aufgabe darin bestand, für die ganze Republik die Einheit der Rechtsprechung zu wahren. Nach dem Friedensschluß von Lunéville (9. Februar 1801) stellte Trier am 23. September 1802 seine Tätigkeit als Revisionsgericht (Kassationsgericht) ein und der Kassationshof in Paris wurde von nun an auch für das ehemals besetzte linksrheinische Territorium zuständig. Trotz dieser Änderung blieb Trier Gerichts-Residenz: Am 23. Nivôse XI (13. Januar 1803) wurde in der Stadt der Appellationsgerichtshof für die vier rheinischen Departements installiert[32].

Unverzüglich bewarb sich Birnbaum um eine Stelle als Appellrat am Trierer Obergericht. Konsul Cambacérès und Justizminister Abrial waren die Adressaten seines Versetzungsgesuchs, und wenn es allein nach ihnen gegangen wäre, hätte Birnbaum seinen Umzug von Brüssel nach Trier schon vorbereiten können. Aber wieder war es Napoleon, der ihm einen Strich durch seine Pläne machte. Mit einem zweiten Gesuch hatte Birnbaum indes mehr Glück, zumal ein Brüsseler Freund und Kollege von ihm, der Appellrat van Custem, Napoleon in einem persönlichen Gespräch davon überzeugen konnte, daß Birnbaum der richtige Mann am Trierer Appellgericht sein werde. Schon am Tage nach der Unterredung van Customs mit Napoleon erhielt Birnbaum seine Ernennungsurkunde (9. Germinal XI = 30. März 1803). Birnbaum konnte zufrieden sein. Damit ging sein Wunsch in Erfüllung, der Heimat ein Stück näher zu kommen. Am 20. Mai traf er mit seiner Familie in der Moselstadt ein, und drei Tage später wurde er in sein neues Amt eingeführt. Obwohl Planrichter geworden, stellte sich Birnbaum finanziell nicht so gut wie in Brüssel. Trier war daher in seinen Vorstellungen nicht seine berufliche Endstation. Verschiedene Änderungsmöglichkeiten wurden von ihm betrieben: Die Stelle des Präsidenten des Kriminalgerichts in Koblenz mußte er ausschlagen, weil ein Mitbewerber sich verpflichtete, einen Teil seines Gehalts der Witwe des verstorbenen Präsidenten des Gerichts auszuzahlen. Die Stelle eines General-Prokurators (Generalstaatsanwalts) beim Appellationsgericht Florenz erhielt er zu seinem Leidwesen nicht, obgleich er von hohen Justizbeamten und Richtern hierfür vorgeschlagen worden war. An der Universität Göttingen sollte er Professor werden. Jetzt war es Birnbaum, der ablehnte, da er sich zum Professor nicht geschaffen fühlte.

Für Birnbaum waren das keine Unglücksfälle, kein Grund, mit seinem Schicksal zu hadern. Es gab für ihn noch andere Möglichkeiten, seine Einkünfte zu verbessern. Mit juristischen Publikationen machte er sich in der Zeit seiner Trierer Tätigkeit einen Namen. Gemeinsam mit Franz Georg von Lassaulx, ordentlicher Professor an der „hohen Schule der Rechte" in Koblenz, gab er das „Journal für Gesetzeskunde und Rechtsgelehrsamkeit" heraus. Diese Rechtszeitschrift erschien zu einem Jahrespreis von 18 fr. in der Zeit von 1804 bis 1807, jeweils zwei Bände im Jahr[33]. Als Mitherausgeber beteiligte sich Birnbaum allerdings nur bei den beiden letzten der insgesamt sechs Bände. In der Zeitschrift wurden in französischer Sprache die Texte der neuesten Gesetze veröffentlicht; in deutscher Sprache behandelten die Herausgeber strittige Rechtsfragen. Veröffentlicht wurden auch Literaturbesprechungen und sogenannte causes célèbres, außergewöhnliche Rechtsfälle und Prozeßberichte, wobei sich die Berichterstatter nicht auf die deutschsprachigen Departements links des Rheines beschränkten, sondern Rechtssachen aus ganz Frankreich mitteilten. Im 3. Heft des Jahrgangs 1807 erläuterte Birnbaum das neue Recht der Ehescheidung nach dem code civil (in Kraft getreten am 30. Ventôse XII = 21. März 1804). Im Gegensatz zum bisher geltenden, noch aus der Revolutionszeit stammenden Ehescheidungsrecht (Gesetz vom 20. September 1792), stellte das neue Scheidungsrecht wieder strengere, mehr den Mann als das „Haupt der Familie" betonende Grundsätze auf. Nach dem neuen Recht war der Ehebruch ein absoluter Scheidungsgrund − aber nur der von der Frau begangene Ehebruch. Beim Mann nur dann, wenn damit zugleich auch eine Beleidigung der Frau, die sich für sie als „unerträglich" erweisen mußte (diesen Nachweis zu führen war Sache der Frau!), verbunden war. So wie Birnbaum das neue Scheidungsrecht erläuterte, ist herauszuspüren, wie der die gesetzlichen Neuerungen einschätzte: Er reagierte mit Skepsis und vorsichtiger Zurückhaltung. Birnbaum stand noch auf dem Boden der jakobinischen Tradition. Die Gleichheit aller vor dem Gesetz war für ihn oberstes Prinzip und sein Ideal. Die Herausstellung der Autorität des Mannes innerhalb der Familie, die Hinwendung zur vorrevolutionären, patriarchalischen Familienordnung — das war für ihn ein Rückschritt. Er verschonte aber auch das alte, während der Revolution in Kraft getretene Scheidungsrecht, mit seiner Kritik nicht. Dieses Gesetz, so meinte er, sei ein typisches Zeitgesetz gewesen: zu radikal habe dieses Gesetz die Abkehr vom kirchlich-kanonischen Recht, dem seither geltenden Eherecht vollzogen, das von der Unauflöslichkeit der Ehe als unabdingbares Prinzip ausgegangen war. Demgegenüber habe das Gesetz von 1792 die Ehe als einen „Gesellschaftsvertrag" eingestuft. Bei den Vätern des code civil bestand die Neigung, die Ehescheidung, die das Gesetz von 1792 ohne große Schwierigkeiten ermöglicht hatte, wieder abzuschaffen, und zwar ohne Wenn und Aber, und den vorrevolutionären Status wieder herzustellen. Birnbaum nahm hierzu eine mehr liberale Position ein: Der innere Glaube eines Bürgers habe mit der öffentlichen Meinung nichts zu tun. Gewissensentscheidungen sollten auf jeden Fall respektiert werden. Die Ehe sei zwar mehr als nur ein „Gesellschaftsvertrag", aber auch nicht unauflöslich um jeden Preis.

Beim Studium dieser familienrechtlichen Abhandlungen wird uns zum Bewußtsein gebracht, wie sehr das engste Zusammenleben von Menschen, die Ehe zwischen Mann und Frau und das Werden einer Familie von Zeitströmungen abhängig sind. Außerhalb dieser engsten Lebensgemeinschaft stehende Kräfte unternehmen intensive und hartnäckige Anstrengungen, in diese Gemeinschaft hineinzuwirken oder hineinzureden, obgleich – so Birnbaums Auffassung – die unmittelbar Beteiligten selbst in der Lage wären, kraft ihrer Gewissensentscheidung (ein weites Feld!) ihre Angelegenheiten zu regeln.

Dem 3. Band des „Journals für Gesetzeskunde und Rechtsgelehrsamkeit" (Jhg. 1807) lag auch eine geschlossene, von Birnbaum allein herausgegebene Sammlung mit der Überschrift: Décisions choisies de la cour d'appel de Trèves bei[34]. Im Jahre 1810 übersetzte Birnbaum das neue Strafgesetzbuch, den code pénal (in Kraft getreten am 1. Januar 1811) und das neue Prozeßrecht (code d'instruction criminelle) ins Deutsche[35]. Birnbaum gab schließlich eine eigene Rechtszeitschrift heraus: „Jurisprudence de la cour de Trèves sur le nouveau droit et la nouvelle procédure, en matière civile et de commerce". Es erschienen drei Jahrgänge von dieser Zeitschrift, die ihr Erscheinen einstellte, als die verbündeten Truppen in Trier einrückten (1814).

Anläßlich der Umwandlung des Trierer Appell-Gerichts in einen „Kaiserlichen Gerichtshof" (cour impériale) am 25. April 1811 hoffte Birnbaum wiederum, und wieder einmal vergebens, auf eine Verbesserung seiner beruflichen Situation. Er bewarb sich um die Stelle des General-Advokaten (Stellvertreter des General-Prokurators). Es wurde ihm jedoch Philipp Caspar Lelievre, ein ehemaliger katholischer Geistlicher und dann Anwalt beim Parlament (Gerichtshof) von Flandern vorgezogen. Dabei mag

auch eine Rolle gespielt haben, daß Lelievre ein Vetter des General-Prokurators Merlin am Kassationshof war. Freundschaften und Verwandtschaften — Protektionen waren immer von Bedeutung, daran änderte auch die Revolution nichts; Birnbaum selbst hatte ja schon wiederholt davon profitieren können. Wenn Birnbaum auch seine ambitiösen beruflichen Absichten zurückstecken mußte, so tat dies dem Ansehen, das er unter seinen Kollegen genoß, keinen Abbruch. Ende April 1811 erhielt er den ehrenvollen Auftrag, die dem Trierer Gerichtshof unterstellten Bezirksgerichte Saarbrücken, Zweibrücken, Speyer und Kaiserslautern einzurichten. Als Napoleons Tage schon gezählt waren, nach der Völkerschlacht bei Leipzig, ging Birnbaums Wunsch auf eine Beförderung doch noch in Erfüllung: Auf Empfehlung des General-Prokurators am Kaiserlichen Gerichtshof in Hamburg, des ehemaligen Trierer Richters Eichhorn, ernannte ihn Napoleon zum Kammerpräsidenten dieses Obergerichts. Aber diese Beförderung kam für Birnbaum zu spät; denn schon schickten sich die Verbündeten an, den Rhein zu überqueren. Birnbaum konnte daher die Reise nach Hamburg nicht mehr antreten.
Bis zum Einrücken der verbündeten Truppen in Trier, am 5. Januar 1814, wohnte Birnbaum mit seiner Familie in der Vorstadt St. Paulin. Beruf und Familie waren ihm zum Lebensinhalt geworden. An den politischen Tagesereignissen nahm er kaum Anteil. Diese Idylle änderte sich von Grund auf, als preußische Truppen auf das linke Rheinufer vorstießen und die kaiserlichen Garden vor sich hertrieben. Trotz des Rückzuges der Franzosen versah Birn-

baum seinen Dienst wie sonst auch: er hielt Sitzungen ab und übte Rechtsprechung aus – nach den geltenden französischen Gesetzen, den Gesetzbüchern Napoleons. Im übrigen hatte er keinen Befehl erhalten, seinen Richterposten zu verlassen und sich mit den retirierenden französischen Truppen nach Westen abzusetzen. Zum Ausharren auf seinem Posten mag er sich auch deshalb entschlossen haben, weil er insgeheim befürchtete – oder erhoffte, wer weiß, daß sich das launische Kriegsglück wieder wenden könnte. Und warum sollte es dem Sieger in hundert Schlachten, warum sollte es dem Kaiser nicht doch wieder gelingen, alle seine Feinde, wie so oft schon, zu Paaren zu treiben und wie Phönix aus der Asche wieder als der Herrscher Europas emporsteigen? Wehe dem dann, der in der Zeit der Niederlage mit den Feinden des Vaterlandes zusammengearbeitet hatte! Bald mußte indes Birnbaum erkennen, daß ihm zum vorsichtigen Abwarten und zur Zurückhaltung keine Zeit mehr blieb. Der Eroberer hatte ganz bestimmte Pläne mit ihm vor, denen er sich kaum entziehen konnte, wollte er nicht das Risiko einer fristlosen Entlassung mit allen unangenehmen Folgen, die sich daraus für ihn und seine Familie ergeben würden, eingehen.

Schon am 19. Januar erhielt Birnbaum eine Einladung des preußischen Intendanten Athenstädt, der ihm bei dieser Gelegenheit eröffnete, daß seine Ernennung zum provisorischen Präfekten des Wälderdepartements vorgesehen sei. Er müsse nur – eine Formsache – einen „eidlichen Revers", ein Treubekenntnis für das neue Regime und eine Absage an Napoleon unterschreiben. Birnbaum zögerte. Er war sich darüber im klaren, daß ihn dieses Schriftstück im Falle einer Rückkehr Napoleons den Kopf kosten konnte. Trotz seiner Bedenken setzte er schließlich doch seinen Namenszug unter das Papier. Eine Wende zugunsten Napoleons war um diese Zeit schon in weite Ferne gerückt. Der Krieg spielte sich jetzt ausschließlich auf französischem Boden ab. Die Verbündeten standen tief in Frankreich und immer enger schloß sich die Zange um den sich verzweifelt wehrenden Bonaparte.

Birnbaum machte sich nun auf den Weg nach Luxemburg, um sein neues Amt zu übernehmen. Er ließ sich jedoch Zeit. In Echternach unterbrach er seine Reise. Wieder kamen ihm Bedenken – und Befürchtungen: Napoleon war schon zu einem Mythos geworden und Birnbaum war freimütig genug, seinen inneren Zwiespalt – Deutscher dem Blute nach und Franzose von Geburt und immer noch im Dienste des Kaisers stehend – dem preußischen Befehlshaber mitzuteilen, der dem auch Verständnis entgegenbrachte. Birnbaum erhielt die Erlaubnis, wieder nach Trier zurückzureisen, wo er vorsorglich seine Familie gelassen hatte.

In der Zwischenzeit wurde in Trier das Generalgouvernement Mittelrhein gebildet (2. Februar 1814), bestehend aus den Departements Rhein-Mosel, Saar und Donnersberg. Diesem Verwaltungsbezirk wurde am 9. März das Wälderdepartement (Luxemburg) zugefügt. Oberster Chef dieses Provisoriums war der russische Staatsrat Justus von Gruner, der in Trier seinen Sitz nahm. Kaum war Gruner in Trier eingetroffen, als ihm Birnbaum seine Aufwartung machte. Birnbaum bemühte sich, den Herrn von

Gruner davon zu überzeugen, daß er – Birnbaum – nicht der rechte Mann sei, Präfekt des Wälderdepartements zu werden. Gruner erkannte sofort, worum es Birnbaum in Wahrheit ging: Der Schatten Napoleons stand immer noch wie ein bedrohliches Gespenst hinter diesen Ausflüchten. Gruner meinte, er möge doch seine Zweifel beiseite schieben und der göttlichen Vorsehung vertrauen. Dem hielt Birnbaum entgegen: Man könne nicht alles der Vorsehung überlassen, man müsse auch selbst etwas mitsorgen. Bald nach dieser Unterredung verlegte Gruner seinen Amtssitz nach Mainz. Von dort aus erhielt Birnbaum die Weisung, sich unverzüglich nach Echternach zu begeben, um dort als Gehilfe des mittlerweile zum Gouvernements-Kommissär ernannten Athenstädt zu fungieren. Dieser Anordnung kam Birnbaum nach. Luxemburg fiel am 3. Mai 1814 in die Hand der Verbündeten. Birnbaum hatte den Auftrag, die öffentlichen Kassen und Archive im Namen der verbündeten Truppen in Besitz zu nehmen und zu versiegeln.

In Luxemburg, seinem ehemaligen Amtssitz als Präfekt des Wälderdepartements, stellte sich Birnbaum auf einen längeren Aufenthalt ein. Seine Familie, die inzwischen von Trier nach Echternach gekommen war, ließ er anfangs Juni nach Luxemburg nachkommen. Napoleon war abgesetzt, Paris gefallen und am 30. Juni 1814 wurde die napoleonische Aera durch einen Friedensvertrag abgeschlossen – zumindest vorläufig, was man freilich zu dieser Zeit noch nicht wissen konnte. Birnbaum – einst höchster Regierungsbeamter des Departements und jetzt nur noch Berater oder Gehilfe des neuen höchsten

Beamten, verstand sich als Verbindungsglied zwischen den neuen Herren und der Bevölkerung. Sein Bemühen war darauf ausgerichtet, ausgleichend zu wirken und Gegensätze abzubauen, was ihm nicht immer leicht gemacht wurde. Aber wiederum sollte sein Aufenthalt in Luxemburg nur von kurzer Dauer sein. Im Juni 1814 erließ Freiherr vom Stein, der oberste Verwaltungsbeamte in dem von den Verbündeten besetzten Gebiet, eine Anordnung, wonach alle Franzosen von Geburt, die bisher weiterhin in ihrem Amte tätig waren, zu entlassen waren; ausgenommen solche Bedienstete, die aus einem Gebiet stammten, das nach 1793 mit Frankreich vereinigt wurde. Für Birnbaum bedeutete dies: fristlose Entlassung und es blieb ihm nichts anderes übrig, als wieder einmal die Koffer zu packen und mit seiner Familie abzureisen. Trier war seine Anlaufstation, wo er am 30. Juni mit seiner Familie eintraf. Hier hatte er Freunde, die — wie sie meinten — in seinem Sinne und Interesse bei den zuständigen Stellen schon einiges für ihn in die Wege geleitet hatten. Sie hatten angegeben, nicht Queichheim, sondern Billigheim sei der Geburtsort Birnbaums; eine Ortschaft also, die erst 1793 (Vereinigungs-Dekret v. 14. März 1793) zu Frankreich gekommen war. Aber Birnbaum wollte durch einen derartigen „unschuldigen Kunstgriff" nicht zu einem Vorteil kommen, der ihm den Buchstaben dieser Anordnung nach nicht zustand. Queichheim war sein Geburtsort — darauf bestand er, und er war entschlossen, vor den höchsten Amts- und Dienststellen der Verbündeten seine Weiterverwendung als Richter am Trierer Appellgericht zu betreiben — trotz seiner Geburt als Franzose. Dazu sollte es jedoch nicht kommen; denn die Anordnung des Freiherrn vom Stein wurde bald nach ihrem Erlaß dahin modifiziert, daß diejenigen Bediensteten von dem Weiterbeschäftigungsverbot ausgenommen sind, die in Wort und Schrift die deutsche Sprache beherrschen. Und das traf für Birnbaum ja zu, weshalb er die Richterrobe auch wieder anziehen konnte. Es dauerte nicht lange, da wurde er sogar befördert: Am 3. Oktober 1814 rückte er an die Stelle des bisherigen General-Advokaten Lelievre, der ihm im April 1811, bei der Errichtung des Kaiserlichen Gerichtshofes Trier, vorgezogen worden war.

Zwischen dem 1. und 2. Pariser Frieden (30. Mai - 20. November 1815) richteten die Verbündeten im eroberten linksrheinischen Gebiet eine provisorische Verwaltung ein: Der nördlich der Mosel gelegene Landstrich kam unter preußische Verwaltung, das südlich der Mosel gelegene Gebiet wurde einer gemeinsamen österreichisch-bayerischen Administration unterstellt. Die Verbündeten waren indes nicht von einem radikalen Änderungseifer besessen. Sie übernahmen einen großen Teil der von den Franzosen eingeführten Neuerungen, von denen sich die linksrheinische Bevölkerung auch nicht mehr oder nicht ohne weiteres trennen wollte. Die Verbündeten übernahmen vor allem die vorgefundene Gerichtsorganisation samt den „cinque codes", dem von Napoleon begründeten Gesetzeswerk, mit dem Napoleon sich ein Denkmal gesetzt hatte, das seine Siege auf dem Schlachtfeld überdauerte. Die Beibehaltung des französischen Rechts auf dem linken Rheinufer hatte daher zur Folge, daß die neuen Herren nur solche

Richter und Verwaltungsjuristen beschäftigen konnten, die mit dem französischen Recht vertraut waren; mithin Juristen, die Napoleon den Treueid geleistet oder sogar mit jakobinischer Gesinnung der Republik gedient hatten.
Aus der Aufteilung und Abgrenzung der provisorischen Verwaltungsgebiete ergab sich die Notwendigkeit, daß für den österreichisch-bayerischen Administrationsbezirk ein eigenes Obergericht eingerichtet werden mußte, da der Trierer Appellhof nunmehr in preußischem Gebiet lag. Mit Verordnung vom 27. Juli 1815[36] richtete die Administrationskommission für ihren Verwaltungsbezirk am Kreisgericht Kaiserslautern einen Appellationshof ein, der ab 1. August 1815 die Aufgaben des Trierer Obergerichts übernahm. Zum Präsidenten des neuen Appellationsgerichts wurde Friedrich Georg Rebmann berufen, ein ehemaliger „deutscher Jakobiner"[37]; − Vizepräsident wurde Johannes Birnbaum, der am 5. August mit seiner Familie von Trier, wo er über ein Jahrzent gewohnt hatte, nach Kaiserslautern zog.
Die österreichisch-bayerische Verwaltung des Gebietes zwischen Mosel, Rhein und französischer Grenze war nur von kurzer Dauer. Bei der endgültigen territorialen Neuordnung fiel das Gebiet zwischen Mainz und Worms an Hessen. Bayern erhielt „wider seinen Willen"[38] den Rest des Administrationsbezirks und als Ausgleich dafür, daß sich das Haus Habsburg von Rhein zurückzog, trat Bayern mit dem Münchener Vertrag vom 14. April 1816 das Inn- und Hausruckviertel sowie Salzburg an Österreich ab. Diese Landverteilung hatte zur Folge, daß auch der Sitz des höchsten Gerichts für den Rheinkreis − so lau-

tete damals noch die amtliche Bezeichnung für die linksrheinische bayerische Provinz, die erst im Jahre 1838 den Namen „Pfalz" erhielt — wieder zur Disposition stand. Allzu gern hätte Rebmann, der Präsident des Appellationsgerichts, Frankenthal als neue Gerichtsresidenz gesehen, einst „dritte Hauptstadt der Kurpfalz"[39], nicht weit von der ehemaligen kurpfälzischen Residenz Mannheim entfernt — Mannheim, trotzdem immer noch Mittelpunkt des kulturellen und gesellschaftlichen Lebens für eine ausgedehnte Region. Frankenthal war für Rebmann daher attraktiver, im Gegensatz zu Kaiserslautern, wo die Gefahr bestand, daß man auf der Straße von „Schweinen oder Faselochsen umgerannt wurde"[40]. Das Haus Wittelsbach hatte jedoch eigene Rücksichten zu nehmen und es entschied sich für die ehemalige Residenz der Herzöge von Pfalz-Zweibrücken als Sitz für das künftige Obergericht.

Am 1. August 1816 nahm das Appellationsgericht Zweibrücken seine Tätigkeit auf[41]. Birnbaum mußte wieder einmal — es sollte das letztemal sein — die Koffer packen und einen Ortswechsel vornehmen. Ebenso wie in Kaiserslautern schon, bekleidete er auch in Zweibrücken das Amt des Vizepräsidenten, bis zum Tode des Präsidenten des Gerichts: Georg Friedrich Rebmann verstarb am 16. September 1824 während eines Kuraufenthalts in Wiesbaden. Sein Nachfolger wurde Johannes Birnbaum, der am 26. Oktober seine Ernennung zum Präsidenten des Appellationsgerichts erhielt.

Schon im Jahre 1817 wurde dem Vizepräsidenten des Appellationsgerichts der persönliche Adel verliehen. Der ehemalige Jakobiner aus Queichheim, Sohn eines Taglöhners, trug nun das Adelsprädikat „von" vor seinem Namen: Johannes von Birnbaum. Birnbaum war damit herausgehoben aus dem gewöhnlichen Bürgertum, ein Adeliger, so lange er lebte. Ist Birnbaum durch diese persönliche Nobilität auch seinem Herkommen, seinen Idealen, denen er als junger Mann Treue geschworen hatte, untreu geworden? In seinen Lebenserinnerungen bezeichnet er sich selbst als ein „Produkt der Revolution". Als sich im Juli 1830 der „alte Revolutionskrater an der Seine" (Friedrich Heer) wieder auftat und das „Junge Europa" in eine revolutionäre Aufbruchsstimmung versetzte, beurteilte Birnbaum die Ereignisse in der Hauptstadt seines ehemaligen Vaterlandes als „eine warnende Lehre für Fürsten, die mehr auf die Befestigung der Despotie und der Priestermacht, als auf die Freiheit und das Glück ihres Volkes bedacht sind".

Seinem Geburtsort Queichheim und seinem dortigen Bekanntenkreis blieb Birnbaum Zeit seines Lebens eng verbunden. Er fühlte sich immer, wie er einmal selbst bekannte, als ein „eifriger Anhänger der Queichheimer". Dies zeigte sich sehr deutlich beim „Horstprozeß", einem Rechtsstreit zwischen der Stadt Landau und der Gemeinde Queichheim, bei dem es um das Grundeigentumsrecht an einem im Nordosten von Landau, an der Queich gelegenen Weideland ging: Um den 900 Morgen großen Horst nördlich der Queich und um den südlich der Queich gelegenen, etwa 110 Morgen umfassenden Schweinehorst[41a]. Die Queichheimer leiteten ihren Eigentumsanspruch und ihr Recht zum Besitz auf diese ausgedehnte Weidefläche aus einer angeblichen Schenkung Kaiser Ottos

Widmung Birnbaums in einem Exemplar seiner „Geschichte der Stadt Landau".

II. im Jahre 952 her (Otto II. regierte von 973 bis 983; 952 war Otto noch nicht geboren). Sie beriefen sich dabei auf Jakob Beyerlins „Beschreibung von Klein-Frankreich", eine äußerst dubiose „Rechtsquelle", die auch von den Geraidegenossen (Haingeraide) in Prozessen mit Landesherrschaften, bei denen es um die Oberhoheit über die Geraiden ging, als Beweis für ihre Besitzrechte an den Haingeraiden herangezogen wurde. Die Landauer versuchten im Streit um den Horst ihren Eigentums- und Besitzanspruch mit einer Eintragung in den Ratsprotokollen der Stadt aus dem Jahre 1413 zu untermauern. Die Eintragung sollte belegen, daß der Horst schon immer zur Gemarkung von Landau gehörte, während den Queichheimern dort nur ein Weiderecht für ihr Vieh eingeräumt gewesen sei. Um die 50er Jahre des 18. Jahrhunderts trat der Streit um den Horst in ein akutes Stadium ein, als der Landauer Magistrat Teile des Weidelandes an Offiziere der französischen Landauer Garnision verkaufte. Dem konnten die Queichheimer nicht tatenlos zusehen! Sie zogen vor Gericht, und es wurde prozessiert. Der Prozeß schleppte sich von einer Instanz zur anderen, und Prozesse zu führen, das kostete auch damals schon Geld. Auch das damals für Landau und Queichheim zuständige Obergericht Colmar wurde mit diesem ersten „Horstprozeß" befaßt: Es entschied zu ungunsten der Queichheimer. Nach dem Ausbruch der Französischen Revolution ergab sich für die Queichheimer aufgrund eines im Jahre 1792 erlassenen Gesetzes die Möglichkeit, den Colmarer Richterspruch annullieren zu lassen und den Rechtsstreit wieder aufzunehmen und aufs neue zu betreiben. In dieser

Phase des Streites um den Horst sehen wir Birnbaum zum ersten Male für seine Heimatgemeinde tätig werden. Damals war er Sekretär der kurzlebigen Landauer Distrikts-Verwaltung (1795). Die Queichheimer hielten große Stücke auf „ihren" Birnbaum, der in der Stadt schon Karriere gemacht hatte. Johannes Birnbaum war daher in dem neuen Horstprozeß der „Obmann" der Queichheimer, die „sich ganz seiner Leitung überließen". Der Prozeß endete mit einem Vergleich: Der Horst wurde zwischen Landau und Queichheim aufgeteilt, was Birnbaum damit kommentierte: „Ein magerer Vergleich ist immer noch besser als ein fetter Prozeß" (s. Anhang I). Aber das letzte Wort im Streit um den Horst war noch lange nicht gesprochen. Zu Beginn des 19. Jahrhunderts machten die Landauer, ungeachtet des im Jahre 1798 abgeschlossenen Vergleichs, erneut Besitz- (Eigentums-) ansprüche auf den ganzen Horst geltend. Auch in diesem Prozeß stand Birnbaum, so gut er es wegen der räumlichen Trennung von seinem Heimatort ermöglichen konnte, seinen Queichheimern mit Rat und Tat bei. Über 10 Jahre zog sich dieser letzte Horstprozeß hin, und erst im Spätjahr 1826, als Birnbaum bereits höchster Richter des Rheinkreises (Pfalz) war, einigten sich die Landauer und Queichheimer in einem „Schluß-Vergleich", an dessen Zustandekommen Birnbaum einen wesentlichen Anteil hatte, über die jahrhundertelang zwischen den beiden Gemeinden umstrittenen Eigentums-und Besitzrechte am Horst(s.Anhang II). Ungewöhnlich war das schon, daß Birnbaum im Horstprozeß als Vermittler auftrat; denn dieser Rechtsstreit war ja an dem Gericht anhängig, dem er als Präsident vorstand, und als Richter war Birnbaum mit dem Prozeß nicht befaßt. Johannes Birnbaum hatte den Mut, herkömmliche und übliche Bahnen zu verlassen, wenn er es für vernünftig und einer guten Sache wegen für geboten hielt. Dies zeigte sich zum Beispiel bei einer außergewöhnlichen Berufung eines Advokaten zum Rat am Appellationsgericht. Der aus Marnheim stammende Pfarrerssohn Theodor Erasmus Hilgart war ein weithin bekannter Advokat in Zweibrücken, als ihn Birnbaum zu Beginn des Jahres 1826 zu einer vertraulichen Unterredung bat. Birnbaum trug dem Advokaten an, in den Justizdienst überzuwechseln und Appellationsgerichtsrat zu werden; es gehe ihm nämlich darum, das oberste Gericht des Rheinkreises durch namhafte Juristen zu verstärken. Hilgart zeigte sich überrascht, und er konnte sich auch nicht vorstellen, daß ein Advokat, der zum Richteramt überwechseln wolle, gleich drei oder vier Beförderungsstufen überspringen könne, und er meinte, keiner deutschen Staatsregierung werde es einfallen, einen Advokaten zum Appellationsgerichtsrat zu ernennen. Aber Birnbaum ließ sich von seinem Vorhaben nicht abbringen. „Lassen Sie das meine Sorge sein", meinte er[42], und tatsächlich erhielt Hilgart am 4. März 1826 seine Ernennung zum Appellationsgerichtsrat in Zweibrücken, die er bis zum August 1835, bis zu seinem demonstrativen Austritt aus dem Staatsdienst aus Empörung über die Rechtszustände in der Pfalz (Zeit nach dem Hambacher Fest!) inne hatte[43].

Die Pfälzer waren nicht nur passive Beobachter der Pariser Juli-Ereignisse. Zweibrücken wurde zu einem Sammelbecken des frühen pfälzischen Libera-

lismus. Redakteure, Advokaten, Notare und Richter traten für Preßfreiheit und Volksherrschaft – für „Deutschlands Wiedergeburt" ein. Das Hambacher Fest vom 27. Mai 1832 warf seine Schatten voraus. Die bayerische Regierung in München reagierte von Tag zu Tag gereizter, vor allem auf die Entscheidungen der pfälzischen Justiz in politischen Prozeßsachen. Die Staatsregierung fühlte sich dadurch „gehemmt"[44], und dem wollte man durch administrative Maßnahmen abhelfen. So kam es auch nicht von ungefähr, daß Regierungspräsident von Andrian-Werburg den Appellationsgerichtspräsidenten Birnbaum ersuchte, er möge doch auf die Gerichte dahin einwirken, daß sie sich dem Willen des Monarchen fügten. Mit diesem Ansinnen kam der Regierungspräsident bei Birnbaum jedoch an die falsche Adresse. Birnbaums Antwort lautete: „Mit solcher Bezugnahme möge man ihn verschonen"[45].
Die Regierung war mit ihrer Geduld am Ende. Wenn schon Anweisungen und Empfehlungen nicht mehr die gewünschte Wirkung zeigten, und die Rechtspflege selbst das staatserhaltende Prinzip „Ruhe und Ordnung" in Frage stellte, da mußten dann andere Maßnahmen ergriffen werden, um dem Ansehen der Monarchie und des Staates, so wie die Regierung es beurteilte, Geltung zu verschaffen. Am 23. März 1832, zwei Monate vor dem Hambacher Fest, wurde Birnbaum kurzerhand in den Ruhestand versetzt. Sein Schicksal teilten im Laufe des Jahres 1832 und im darauf folgenden Jahr zahlreiche pfälzische Richter. Die Regierung führte dabei stets § 19 des Edikts IX zur Verfassungsurkunde an, wonach Staatsdiener „ohne gerichtliche Klage, infolge einer admini-

strativen Erwägung oder einer organischen Verfügung mit Belassung des Standes-Gehalts und des Titels entweder für immer mittelst Demission oder für eine gewisse Zeit mittelst Quieszierung benommen werden". Auch Birnbaums Sohn Johann Friedrich (geb. Queichheim am 27. Mai 1796) mußte diese bittere Erfahrung machen. Er war Untersuchungsrichter am Bezirksgericht Kaiserslautern, als er am 14. Februar 1833 „wegen seiner Teilnahme an einem Geheimtreffen bei dem Posthalter Ritter/Frankenstein" für immer in den Ruhestand versetzt wurde[46].

Johannes Birnbaum überlebte die ihm mit der Zwangspensionierung zugefügte Kränkung nur um wenige Wochen: Am 20. Mai 1832 schloß er in Zweibrücken für immer die Augen. Ein Schlagfluß machte seinem Leben ein Ende. Die öffentliche Meinung schrieb sein plötzliches Ableben der Art der Behandlung zu, die ihm mit der Zwangspensionierung zuteil wurde[47].

Wir haben den Versuch unternommen, ein wenig in das Leben des Johannes Birnbaum, geboren in Queichheim bei Landau, als Sohn armer Leute, und am Ende seines Lebens Präsident des Appellationsgerichts in der linksrheinischen bayerischen Provinz, hineinzuleuchten. Dabei konnten wir feststellen: Das entscheidende Ereignis in seinem Leben war das Mitgerissenwerden von den Idealen der Großen Revolution. Das bürgerliche Zeitalter trat mit der Verkündung des neuen Evangeliums von der Freiheit, Gleichheit und Brüderlichkeit in die Geschichte ein. Birnbaum stand nicht als unbeteiligter Zuschauer am Rande der Ereignisse. Er setzte seine junge Kraft, seinen Ehrgeiz und seine geistigen Fähigkei-

Grabmal des Johannes von Birnbaum auf dem Zweibrücker Friedhof.

ten für die von den Verfassungen der blau-weiß-roten Republik postulierten Menschenrechte, für die Befreiung von Abhängigkeiten in jeder Form ein. Selbst dann, als er Untertan des bayerischen Königs und Präsident des Appellationsgerichts Zweibrücken wurde, vergaß er nicht, daß er einmal die Jakobinermütze getragen hatte. Auf dem Friedhof von Zweibrücken hat Johannes Birnbaum seine letzte Ruhestätte gefunden. Die Widmung auf dem Grabstein drückt aus, was er für seine Mitbürger war:

Durch eigenen Adel groß — ein Biedermann
und gerechter Richter.

Anhang I
Vergleich.

Nachdem seit vielen Jahren zwischen den Gemeinden Landau und Queichheim, sowohl über das Bann = Recht als das Eigenthum und die Art des Genusses eines beträchtlichen Bezirks, der Horst genannt, ein Rechts = Streit obgewaltet; solcher bisher große Kosten veranlaßt, und die wünschenswerthe, wechselseitige Uebereinstimmung gestört hat; so haben beyde Gemeinden, von dem Verlangen belegt, mittelst einer gütlichen Ausgleichung, diesen wichtigen Streit beyzulegen, und das gute Einverständniß auf immer wieder herzustellen, zu einem so heilsamen Endzweck zu gelangen, Abgeordnete ernannt, namentlich: die Gemeinde Landau, die Bürger: Michael Brück, Heinrich Bellon, Franz Christoph Schattenmann, Adam Kern, Johann Jakob Fried, Lorenz Geropp und Joh. Baptist Springer; und die Gemeinde Queichheim die Bürger Johannes Birnbaum, Thomas Fath, Conrad Rapp, Friedrich Traut, Georg Jakob Pfaffmann, Georg Jakob Pistorius und Johannes Zimmer, welche nach einigen Unterhandlungen, vorbehaltlich beyderseitiger Gemeinden ausdrücklicher Gutheissung, über folgende Punkte übereingekommen sind.

§. 1. Der bey dem bürgerlichen Gerichtshof des Niederrheinischen Departements zu Straßburg, dieser Sache halben, anhängige Prozeß soll vom Tage der erfolgten Ratifikation aufgehoben, und also aller Verfolg eingestellt seyn. Jeder Theil wird seine bisherige erlaufene Kosten vor sich allein tragen, und die Gemeinde Queichheim, als Klägerinn und verfolgender Theil verbindet sich auf der Stelle an ihren Sachwalter davon die vorläufige Anzeige zu erlassen.

§. 2. Von dem Bezirk des Horsts, dermalen gegen Mittag die Queichbach, gegen Mitternacht die Bänne Nußdorf und Dammheim, gegen Morgen die Bänne Mörlheim und Bornheim und gegen Abend die Landauer Vestungswerke und Wiesen, sollen gegen Mittag, also an dem linken Ufer der Queich, Queichheim gegenüber, von der alten Küh = Unger an, längst der Queichbach, bis ans Ende des Horstes in möglichster Gleichheit der Breite vierhundert Morgen, jeder zu einhundert acht und zwanzig Quadrat Ruthen, zu sechszehn Schuh jede, hiesigen Landesmaaßes, von einem verpflichteten von beyden Theylen erwählten Landmesser abgemessen und von beyder Gemeinden verordneten Steinsetzern abgesteint und in eine förmliche Beschreibung in duplo gebracht werden, um künftig auf immer als eine gemeinschaftliche, untheilbare Weide fürs Hornvieh und Pferde, und in den Wintermonaten vom 10. Frimaire bis zum 10. Ventose, also drey Monat lang, für die Schaafe so gebraucht zu werden, daß die Hirten beyder Gemeinden wechselweise, der eine einen Tag rechts, der andere einen Tag links des Bezirks, und so umgewandt, diese Weide betreiben und also keiner dem anderen hinderlich seyn, noch einer vor dem andern einen Vorzug haben solle.

§. 3. Dieser abgesteinte Bezirk von vierhundert Morgen, einig und alleine zum Waidgang bestimmt, soll einen besonderen Bann ausmachen, dessen Eigenthum zwischen beiden Gemeinden auf ewig gemeinschaftlich bleiben, davon also jeder Theil die Hälfte der Grundsteuer zu tragen gehalten seyn, und worauf jeder Theil vollkommen gleiche Rechte zu genießen haben solle; welches gleichwohl nicht also zu verstehen ist, daß beyderseitige Heerden gleich seyn müssen, sondern jedem Einwohner von Landau und Queichheim, der Vieh halten wird, verstattet sey, sein Vieh jeder Heerde beizutreiben.

§. 4. Alles, was nach Absteinung erst gedachter vierhundert Morgen am Horste übrig seyn wird, bleibt der Gemeinde Landau wahres und alleiniges Eigenthum, das sie nach Gutfinden mit den bannstoßenden Gemeinden begehen, und beonders absteinen lassen kann: wobey ausdrücklich bedungen ist, daß wenn die sogenannte Boschwiesen, die bisher nach Queichheim schatzbar waren, nicht unten zu den abzusteinenden vierhundert Morgen fallen sollten, solche zu dem Landauer Bann gehören sollen.

§. 5. Die bisher auf dem sogenannten Sau = Horst, gegen Mittag Queichheimer Privatgüter, gegen Mitternacht die Queichbach, gegen Morgen der Queichheimer Viehtrieb = Weg, gegen Abend zugespitzt auf die Queichbach und den Daumühlweg, beforcht, zwischen Queichheim und Landau gemeinschaftlich gewesene Schwein = , Schaaf = und Gäns = Weide bleibt nicht bloß wie bisher zwischen beyden Theilen gemeinschaftlich, sondern dieser Bezirk soll künftig ein gemeinschaftliches Eigenthum beyder Gemeinden seyn, wovon also künftighin die Gemeinde Landau die Hälfte der Grundsteuer zu bezahlen verbunden ist, so wie Queichheim die andere Hälfte bezahlen wird, welcher Bezirk gleichmäßig ausgesteint werden soll.

§. 6. Die Kosten der Absteinung der vierhundert Morgen gemeinschaftlicher Weide, und jene des sogenannten Sau = Horstes, tragen beyde Gemeinden zu gleichen Theilen; und die Absteinungen, gemäß gegenwärtigen Vertrags, sollen so geschwinde es sich thun lassen wird, ins Werk gesetzt werden.

§. 7. Mittelst dieser gütlichen Ausgleichung heben beyde Gemeinden alle Forderungen und Gegenforderungen in Rücksicht beyder Gegenstände, die hier verhandelt worden sind, gegeneinander auf, sie mögen Namen haben wie sie wollen, und wenn je wieder eine Frage sich darüber aufwerfen sollte; so solle sie einig und allein aus dem wörtlichen Inhalt dieses Vergleichs entschieden werden.

§. 8. Wenn jemand, wer es auch seye, auf die in gegenwärtigem Vergleich bemerkte gemeinschaftliche Bezirk der vierhundert Morgen und des sogenannten Sau = Horsts einen Anspruch, es geschähe aus welchem Grund es wolle, machen würde, versprechen beyde Theile sich gemeinschaftlich dagegen zu verteidigen und sich wechselseitig zu schützen.

§. 9. Beyde Teile werden, nach erfolgter Ratifikation, gegenwärtigen Vergleich durch die kompetirende Gewalten zu steter und ewiger Festhaltung bekräftigen lassen. In Urkund dessen sind zwey gleichlautende Fertigungen dieses getroffenen Vergleichs aufgesetzt, vorgelesen, unterschrieben und gegeneinander ausgewechselt worden. Geschehen Landau und Queichheim den achtzehnten Floreal, im sechsten Jahre der ein = und untheilbaren Franken = Republik. Unterschrieben von Seiten Landau: Michael Brück, Heinrich Bellon, Franz Christoph Schattenmann, Adam Kern, Lorenz Geropp, Joh. Baptist Springer und Jakob Fried. Von Seiten Queichheim: Johannes Birnbaum, Joh. Thomas Fath, Georg Jakob Pfaffmann, Konrad Rapp, J. Friedrich Traut, Johannes Zimmer und Georg Jakob Pistorius,

    Einregistrirt zu Landau etc.

Anhang II
Schluß = Vergleich

Die Gemeinde Queichheim hatte, vor einigen Jahren, gegen die Stadt Landau einen Antrag erhoben, um eine Theilung zum Eigenthum des bisher, kraft des Vergleiches vom 18. Floreal des Jahres VI (7. May 1798), gemeinschaftlichen Schweinhorstes auf dem rechten, und des Weidhorstes auf dem linken Queich = Ufer zu bewirken.

Das darüber, auf den Grund dieses Vergleiches, am königl. Bezirksgerichte in Landau am 13. März 1823 ergangene, und vom königl. Appellationsgerichte des Rheinkreises in Zweibrücken am 20. April 1824 bestätigte, Urtheil hat verordnet, daß diese Theilung zwischen Queichheim und Landau zu gleichen Werthhälften geschehen soll.

Bis jetzt ist aber diese Theilung noch nicht vollzogen worden, aus dem Grunde, weil die Gemeinde Queichheim aus einem früher völlig unbekannten Urtheile des ehemaligen Churpfälzischen Hofgerichtes zu Heidelberg, in Sachen des Bürgermeisters und Raths zu Landau, und der Gemeinde Queichheim, gegen das Gericht und die Gemeinde zu Dammheim, vom Samstag nach Johannistag, des Jahrs vierzehnhundert fünf und neunzig, wonach der Horst im Queichheimer Banne liege, denen von Queichheim als Märkern, und denen von Landau als Oberherren gehöre, sich zu größern Ansprüchen berechtigt glaubte, als ihr aus dem Vergleiche vom 7. May 1798, bestätigt durch Urtheil des Civilgerichtes des niederrheinischen Departementes vom 19. Prairial VI (7. Juny 1798) und die oben erwähnten Urtheile vom 13. März 1823 und 20. April

1824 zustehen: Behauptungen, welche von den Einwohnern der Stadt Landau, die in Gemäßheit der frühern Theilung Antheile des Horstes eigenthümlich besitzen, und von der Stadt selbst durchaus nicht anerkannt werden, indem dieselben weder die Rechtsgültigkeit der aufgefundenen Urkunde, noch die aus derselben gezogenen Folgerungen zugeben, sondern auf die ihrer Seits vorgelegten Urkunden sich beziehend, dagegen behaupten: daß bereits rechtskräftig richterlich durch Urtheil des ehemaligen souveränen Rathes des Elsasses vom 11. März 1782 anerkannt sey, daß der Horst in der Gemarkung von Landau liegt.

Beyde Theile, die Gemeinde Queichheim und die Stadt Landau mit ihren Horsttheilungsgenossen, haben daher, um dem, von der königl. Regierung des Rheinkreises, durch Rescript vom 3. November 1824 geäußerten Wunsche zu entsprechen, und einen neuen Prozeß zwischen Queichheim und Landau zu verhüten, wodurch, nebst bedeutenden Kosten, nur neue Mißhelligkeiten und Erbitterungen unter den Einwohnern beeder Gemeinden entstehen würden, zur Ausmittelung eines beyderseits genügenden Theilungs = und respektive Vergleichsvorschlags eine Kommission ernannt: nämlich die Gemeinde Queichheim ihre Schöffenräthe Georg Ludwig Beyer und Leonhard Fath, und die Stadt Landau für sich und ihre Theilungsgenossen ihre Stadträthe Johann Jakob Schattenmann und Johann Heinrich Stöppel, welche sich heute, unter dem Vorsitze der beyden Bürgermeister, Johann Schickendantz von Landau und Konrad Fath von Queichheim, vor dem königl. Landkommissariate Landau deßfalls versammelt haben, und nach gepflogener Unterhandlung, mit Beyrath ihrer vermittelnden

Freunde, der Herren Johann Birnbaum, Ritter des Civilverdienstordens der bayerischen Krone und Präsident des königl. Appellationsgerichtes für den Rheinkreis in Zweybrücken, und Friedrich Hessert, königl. Notär zu Landau, über folgenden Theilungsvollzug übereingekommen sind:

Art. I. Die Gemeinde Queichheim erhält zum Eigenthum auf ewige Zeiten:

1) Vom Schweinhorste, auf dem rechten Queich = Ufer, die östlichen zwey Drittheile seiner Gesammtfläche, mittels einer geraden Theilungs = Linie von Mittag nach Mitternacht, und behält die bereits bezogene Hälfte des Kaufpreises der davon getrennten sogenannten Insel auf dem linken Queich = Ufer, welche von der französischen Regierung, in Folge des Gesetzes vom 20. März 1813, veräussert worden ist.

2) Vom Weidhorste, auf dem linken Queich = Ufer, dessen Gesammtfläche, gemäß des erwähnten Vergleiches vom 7. May 1798, vierhundert Morgen (zehntausend einhundert vier und sechszig Aren, zwey und fünfzig Meter) enthält, den östlichen Theil, welcher vierzig Morgen (tausend sechszehn Aren, zwey und fünfzig Meter) enthält, den östlichen Theil, welcher vierzig Morgen (tausend sechszehn Aren, vier und vierzig Meter) Voraus, und vom Uebrigen die Hälfte begreifen soll, nachdem vorgängig die Fläche des Verbindungs = Weges, für diesen östlichen Theil mit dem Queichheimer Viehtrieb = Weg, der Gesammtfläche des Weidhorstes entnommen seyn wird.

Dieser Verbindungs = Weg, bis an den Queichheimer Horst = Antheil sich erstreckend, soll eine Breite von achtzehn Metern haben, links mit einem Graben versehen, und rechts vom linken Queich = Ufer be gränzt seyn, beyden Theilen gemeinschaftlich verbleiben, und auch gemeinschaftlich zu gleichen Theilen mit seinem Graben und Queich = Ufer zu allen Zeiten unterhalten werden.

Die Abgrenzung dieses, ohne Rücksicht auf Mehr = oder Minderwerth bestimmten, östlichen Theiles geschieht durch eine gerade Linie von Mittag nach Mitternacht, gleichlaufend mit der westlichen Seite des Weidhorstes.

Beyde östliche Antheile des Schweinhorstes und des Weidhorstes, wie solche hier bestimmt und der Gemeinde Queichheim zugeschieden sind, sollen durch den Vollzug gegenwärtiger Uebereinkunft der Queichheimer Gemarkung, als Bestandteil derselben, auf immer angehören.

Art. II. Die Stadt Landau behält und ihren Horsttheilungsgenossen verbleibt zum Eigenthum:

1) Das westliche Drittheil des Schweinhorstes, nach der im vorhergehenden ersten Artikel bestimmten Theilungs = Linie, und die bezogene Hälfte des Verkaufspreises der vorerwähnten sogenannten Insel auf dem linken Queich = Ufer.

2) Vom Weidhorst, auf dem linken Queich = Ufer, den westlichen Theil, welcher − nach vorgängig von Queichheim bezogenen vierzig Morgen (1016 Aren und 44 Meter) und für den vorerwähnten gemeinschaftlichen Verbindungs = Weg entnommener Fläche − die Hälfte vom Uebrigen begreift, nach der im ersten Artikel bestimmten Theilungs = Linie.

Aller Grund und Boden, welcher unter dem Namen von Horst und als dessen Inbegriff und Zubehör verstanden und anerkannt, von Queichheim und Landau bis jetzt gemeinschaftlich, von der Stadt allein, oder von ihren Theilungs = Genossen einzeln und insgesamt besessen oder benutzt worden, und durch den gegenwärtigen endlichen Theilungsbeschluß der Gemeinde Queichheim zum Eigenthum nicht abgetreten ist, verbleibt sammt der obgenannten Insel auf dem linken Queich = Ufer der Gemarkung von Landau, und das Eigenthum derselben der Stadt Landau, ihren gesetzlichen Theilungsgenossen und rechtmäßigen Erwerbern, nach ihren Rechtsverhältnissen.

Art. III. Die Gemeinde Queichheim wird von der Stadt Landau und ihren Theilungsgenossen als ausschließliche und ewige Eigenthümerin der östlichen Antheile des Schwein = und Weidhorstes, welche ihr in obigem ersten Artikel zugeschieden und heimgewiesen sind, anerkannt, unter Verzichtung aller künftigen Ansprüche darauf, aus welchem Grund oder Titel es auch immer seyn mag. Dagegen entsagt die Gemeinde Queichheim ebenfalls, für jetzt und immer, allen weitern Ansprüchen auf den übrig verbleibenden Horst welche sie auf Miteigenthum, Mitbesitz, Mitgenuß und alle anderen Gerechtsame, aus ihren jetzigen und künftig haben mögenden Urkunden, Urtheilen, Rechtstiteln und Beweismitteln folgern würde oder haben könnte.

Art. IV. Dem Vorstehenden gemäß, soll die hiermit festgesetzte Abtheilung in kürzester Frist durch eine urkundliche Absteinung auf gemeinschaftliche Kosten geschehen, und den Grenzsteinen, nebst ihrer Nummer, der Buchstabe L auf der Landauer Bannseite, und der Buchstabe Q auf der Queichheimer Bannseite eingehauen werden.

Art. V. Mittels dieser Uebereinkunft werden von beyden Seiten alle, in Beziehung auf den erwähnten

Horst und seine Zugehörungen, zwischen der Gemeinde Queichheim und der Stadt Landau bis jetzt ergangenen Urtheile, Beschlüsse, Verträge, Verhandlungen, Vergleiche oder sonstige Uebereinkünfte, ohne Ausnahme, insoferne sie dem gegenwärtigen Schlußvergleich zuwider sind, entweder gänzlich aufgehoben, oder dessen Inhalt und Sinne gemäß modifizirt, als nämlich:

1) Das Eingangserwähnte Hofgerichts = Urtheil vom Jahre 1495.

2) Das Arret des Hohen = Rathes zu Colmar vom 11. März 1782.

3) Das Urtheil des Departements = Gerichtes zu Straßburg vom 7. Juny 1798.

4) Der, diesem Urtheil zu Grund liegende Vergleich vom 7. May 1798.

5) Der Beschluß des Präfekten des niederrheinischen Departementes, die sogenannte Insel betreffend; vom... so wie jener über die Abtheilung des Weidhorstes vom 24. April 1812, und

6) die oben angeführten Urtheile vom 13. März 1823 und 20. April 1824.

Endlich werden hiermit die, duch die beyden letztern Urtheile verursachten Gerichts = und andere Kosten unter den Partheyen kompensirt.

Art. VI. Gegenwärtiger Schlußvergleich soll — nach erhaltener Annahme des Stadtrathes von Landau und des Schöffenrathes von Queichheim — der königl. bayerischen Regierung des Rheinkreises zur Genehmigung und Bestätigung vorgelegt werden.

Also verabredet, beschlossen und doppelt gefertiget, urkundlich der Unterschriften.

Landau, den zweyten Oktober achtzehnhundert

sechs und zwanzig.

Unterschrieben sind: Conrad Fath, mit Handzug; J. Schickendantz, mit Handzug; J. H. Stöppel, Schattenmann, mit Zug; G. L. Beyer, mit Zug; und Leonhard Fath.

Das königl. Landkommissariat Landau. Unterzeichnet: Petersen, mit Handzug; und Chelius, mit Zug.

Anmerkungen

1 Allgemeine Deutsche Biographie; München & Leipzig 1875 – 1912, S. 664.
2 Henn, Julius: Der „Melac" zu Queichheim bei Landau; Pfälzische Heimatblätter, Jhg. 4 (1956) S. 57.
3 Landeskirchenarchiv Speyer; evang.-luth. Kirchenbuch Queichheim 1763 p.46.
4 v. Birnbaum, Johannes: Geschichte der Stadt und Festung Landau; Zweibrücken 1826: Birnbaum gibt in seiner Biographie den 3. August als Todestag seines Vaters an.
5 Biundo, Georg: Die evangelischen Geistlichen der Pfalz seit der Reformation; Neustadt a.d.Aisch 1968 Nr. 2622.
6 Fendler, Rudolf: Aus der Geschichte des Eduard-Spranger-Gymnasium, in: Festschrift des Eduard-Spranger-Gymnasiums Landau in der Pfalz (1972) S. 55 (62).
7 Soboul, Albert: Die Große Französische Revolution; Frankfurt 1973, Teil 1 S. 115 ff.
8 StadtA Landau B I, 109
Ziegler, Hans: Die Landauer Gesellschaft der Konstitutionsfreunde (Jakobinerklub 1791-1795). In: Mitteilungen des Historischen Vereins der Pfalz. 73. Band 1976 S. 221-294.
9 Heß,Hans: Georg Friedrich Dentzel (1755-1828). In: Pfälzer Lebensbilder Band 3 (1977), herausgegeben von Kurt Baumann, S. 169-202.
10 Ziegler, Hans a.a.O. S. 290.
11 StadtA Landau B I, 109.
12 Schmitt, Robert: Simon Joseph (Gabriel) Schmitt; Koblenz 1966. Zu Ackermann S. 61 u. 101.
13 Ackermann, Peter: Geschichte der Blockade von Landau im Jahre 1793; Landau 1804, S. 6.
14 StadtA Landau B I, 109, p 292.
15 Steigelmann, Wilhelm: Vom Landauer Lehrer Johann Jakob Fried (1747-1819); Pfälzer Heimat 1971 S. 33.
16 Dotzauer, Winfried: Freimaurergesellschaften am Rhein. Aufgeklärte Sozietäten auf dem linken Rheinufer vom Ausgang des Ancien Régime bis zum Ende der napoleonischen Herrschaft; Wiesbaden 1977 S. 157.
17 Stein, Lorenz von: Geschichte der sozialen Bewegung in Frankreich; Darmstadt 1959 Band I, S. 241.
18 StadtA Landau RPB. 82, 270.
19 StadtA Landau RPB. 82, 305.
20 Ackermann a.a.O. S. 253.
21 Heß a.a.O. S. 186.
22 Käss, Ludwig: Die Organisation der allgemeinen Staatsverwaltung auf dem linken Rheinufer durch die Franzosen während der Besetzung 1792 bis zum Frieden von Lunéville (1801); Mainz 1929, S. 71.
23 Remling, Franz Xaver: Die Rheinpfalz in der französischen Revolutionszeit von 1792 bis 1798; Speyer 1866 Band 2, S. 162.
24 StadtA Landau RPB. 80, 126; 81, 39; 81, 54; 81, 100.
25 Martin, Michael: Emigration und Nationalgüterveräußerung im pfälzischen Teil des Departements du Bas-Rhin; Mainzer Diss. 1978, S. 255/56.
26 StadtA Landau AA 59 Blatt 49.
27 StadtA Landau RPB. 84, 23.
28 Käss a.a.O. S. 164 ff.

29 Hamm. Karl: Albersweiler; Albersweiler 1968, S. 99.
30 Archives nationales Paris F^{IB} 156^{24}.
31 Dressler, Josef: Geschichte der Trierer Gerichte 1794 – 1813; S. 7.
32 Dressler a.a.O. S. 41.
33 LandeshauptA Koblenz VL 51.
34 Weisweiler, Wilhelm: Geschichte des rheinpreußischen Notariats, Band 1. Die französische Zeit; Essen 1916, S. 240.
   Just, Leo: Franz von Lassaulx; Bonn 1926 S. 240.
35 Bayrhoffer, Hans: Die Organisation der Rechtspflege im Gebiet der heutigen Pfalz durch die Franzosen; Münchener Diss. 1944 S. 79.
36 Schmitt, Friedrich: Die provisorische Verwaltung des Gebietes zwischen Rhein, Mosel und französischer Grenze durch Österreich und Bayern in den Jahren 1814-1816; Meisenheim 1962 S. 91.
37 Faber, Karl-Georg: Johann Andres Georg Friedrich Rebmann; in: Pfälzer Lebensbilder, 1. Band (1964), herausgegeben von Kurt Baumann, S. 191 ff.
38 Baumann, Kurt: Das pfälzische Appellationsgericht in der Zeit von 1815-1871; in: 150 Jahre pfälzisches Oberlandesgericht, herausgegeben von Wilhelm Reinheimer, Zweibrücken, S. 6.
39 Maus, Anna: Die Geschichte der Stadt Frankenthal und ihrer Vororte; Speyer 1970, S. 79.
40 Baumann a.a.O. S. 9.
41 Amtsblatt 1816 Sp. 102; Verordnung v. 10. Juli 1816.
41a Birnbaum, Johannes: Der Horstprozeß zwischen der Stadt Landau und dem Dorfe Queichheim; Zweibrücken 1827 (StA Landau, L V/9/.
42 Hilgart, Theodor: Meine Erinnerungen; Heidelberg 1860 S. 253.
43 Die Pfalz am Rhein; Festschrift 1957, S. 75.
44 Baumann a.a.O. S. 23.
45 Kolb, Georg Friedrich: Lebenserinnerungen eines liberalen Demokraten 1808-1848; herausgegeben von Ludwig Merckle, Freiburg 1976, S. 72.
46 HSTA München MdI 460.
47 Baumann a.a.O. S. 26.

Alle Rechte beim Verlag
Pfälzer Kunst Dr. Hans Blinn, Landau i. d. Pfalz
Idee und Buchgestaltung: Hans Blinn
Signet: Fritz Baumann
Gesamtherstellung: Graphische Kunstanstalt Walter Gräber,
Neustadt a. d. Weinstraße

ISBN 3-922580-12-2
Mai 1982

VPK Verlag Pfälzer Kunst Dr. Hans Blinn, 6740 Landau i. d. Pfalz

Neu:
Kleine Landauer Reihe

Band 1: Hans Blinn
*Der Landauer Maler-Poet Heinrich Jakob Fried
und das Hambacher Fest*

Band 2: Hans Ziegler
Johannes Birnbaum (1763 – 1832)
Ein Jakobiner aus Queichheim

Band 3: Eugen Fried
Die Elwetrittchejagd
Pfälzer Mundartgedichte

Die Reihe wird fortgesetzt!

* * *

Soeben erschienen:

Hans Blinn/Hartmut Frien
Künstler der Pfalz 1980/82
75 Porträts Pfälzer Maler, Graphiker und Bildhauer
Preis: DM 65, –

* * *

In Vorbereitung:

Walter Passarge
Max Slevogt – Wand- und Deckengemälde auf Neukastel
(Zum 50. Todestag des Künstlers am 20. September 1982)

VPK Verlag Pfälzer Kunst Dr. Hans Blinn, 6740 Landau i. d. Pfalz